HORST HERRMANN

Kirchenaustritt
ja oder nein?

ARGUMENTE FÜR UNENTSCHLOSSENE

RASCH UND RÖHRING VERLAG

Die Deutsche Bibliothek – CIP-Einheitsaufnahme

Herrmann, Horst:
Kirchenaustritt - ja oder nein?: Argumente für
Unentschlossene / Horst Herrmann. – Hamburg : Rasch und
Röhring, 1992
  ISBN 3-89136-467-9

Copyright © 1992 by Rasch und Röhring Verlag, Hamburg
Einbandgestaltung: Studio Reisenberger
Satzherstellung: Utesch Satztechnik, Hamburg
Druck und Bindearbeiten: Clausen & Bosse, Leck
Printed in Germany

Mein Gebet lautet:
Gott, wenn du existierst,
sei meiner Seele gnädig,
falls ich eine habe.

Friedrich der Große,
24. September 1758

Inhalt

Vorwort _____ 9

Dachten Sie auch schon daran, einen Schlußstrich
zu ziehen? _____ 11

*Kümmerte sich jemals ein Pfarrer um Ihre Sorgen? 13 – Sehen Sie
eine Kirche nur an Weihnachten von innen? 21 – Lassen Sie sich
eigentlich gern Ihre »Sünden« vorhalten? 26 – Ist nicht viel »Allzumenschliches«, »Allzumännliches« in der Kirche? 35 – Wie lange warten Sie schon darauf, daß die Kirche sich ändert? 44 – Wieviel kann ein Mensch überhaupt schlucken? 47*

Wissen Sie, welche Unmengen Sie glauben sollen
und wieviel Sie das kostet? _____ 57

*Fiel denn der Glaube vom Himmel? 59 – Welche Interessen vertritt
ein Papst? 66 – Mischt sich die Kirche nicht laufend in Dinge ein,
von denen sie nichts versteht? 73 – Rechneten Sie mal nach, wieviel
Sie völlig umsonst bezahlen? 80 – Können Sie auch an Gott glauben, wenn Sie kein Bodenpersonal mehr bezahlen? 89*

Müssen Sie unbedingt in der Kirche bleiben,
um Gutes zu tun? _____ 101

*Wieviel Angst steckt noch in Ihnen? 103 – Welches Märchen über
die »Caritas« wollen Sie glauben? 109 – Ist Ihnen der Umwelt-*

*schutz wichtiger als der Bau einer weiteren Kirche? 119 – Bringt
ein Kirchenaustritt berufliche oder private Nachteile? 129 – Wer
bestattet Sie mal, wenn Sie keiner Kirche mehr angehören? 136 –
Was müssen Sie eigentlich tun, um auszutreten? 141*

Anmerkungen _____ 147

Vorwort

Allein 1991 verließen 400 000 Mitbürgerinnen und Mitbürger eine Kirche, die ihnen nichts mehr bedeutete und für die zu zahlen ihnen einfach zu teuer war. Ob diese Zahl schon besorgniserregend ist, wissen die Vertreter der Amtskirche selbst nicht genau. Eine Bagatelle, auch in finanzieller Hinsicht, ist der in den letzten drei Jahren steil ansteigende Schwund jedoch nicht mehr. Auffällig, daß verhältnismäßig viele Mitglieder der katholischen Kirche austreten; hier besteht freilich ein großer Nachholbedarf.

In manchen Orten der Bundesrepublik, auch auf dem platten Land, das lange als geduldiges Reservoir der Kirchen galt, nehmen die Austritte gewaltig zu. Verstärkt sich der allgemeine Trend noch, läßt sich hochrechnen, wann die Großkirchen auch ihrer Mitgliederzahl nach nur noch jene Randgruppen in der Gesellschaft sein werden, die sie nach ihrer geistigen Bedeutung bereits sind.

Es sieht nicht so aus, als lasse sich die Entwicklung noch einmal stoppen. Wenn vor allem »Not beten lehrt«, ist es um die Deutschen schlecht bestellt. Sie kennen keine Not mehr, der mit Beten beizukommen wäre. Daher laufen die Menschen den Kirchen scharenweise weg. Ebenso gehen den Klerikern jene Argumente aus, die den Trend zumindest verzögern könnten.

Dieses Buch spricht mit Ihnen über einen möglichen Austritt. Es geht mir allerdings nicht um die treuen Schafe, die sich nach wie vor im Pferch zu Hause fühlen, ohne sich große Gedanken zu machen. Ich diskutiere mit den vielen, die »auf der Kippe« stehen und Argumente für ihre Entscheidung suchen.

Vielleicht gehören gerade Sie dazu. Doch obwohl Sie Ihr Recht auf Information wahrnehmen wollen, suchen Sie in den Kirchen vergeblich eine offene Diskussion über den Kirchenaustritt. Bei diesem wichtigen Problem läßt man Sie allein. Pfarrer lassen mittlerweile über vieles mit sich reden, doch liegt ihnen nichts daran, den Ast abzusägen, auf dem sie sitzen.

Daher soll Ihnen dieses Buch weiterhelfen. Die Entscheidung kann Ihnen niemand abnehmen. Das finde ich richtig. Da Sie wie alle »Gläubigen« schon als Säugling in eine Kirche hineingetauft wurden, ohne gefragt zu werden, ist es wichtig, bei der Frage nach dem Kirchenaustritt Ihr Grundrecht als vernünftiger und freier Mensch zu wahren.

Horst Herrmann

Dachten Sie auch schon daran,
einen Schlußstrich zu ziehen?

Es gibt keinen Grund, warum Sie nicht dieselben Fragen stellen sollten, die Millionen Menschen in der Bundesrepublik bereits beantworteten: Was bringt mir die Kirche noch? Brauche ich sie wirklich? Fehlt mir etwas Wesentliches, wenn ich die Zahlungen an die Steuerkirche einstelle? Finde oder verliere ich damit ein großes Stück meiner Freiheit?

Menschen, die ein Gespür für die Entwicklungen der Gegenwart und der nahen Zukunft – für die »Megatrends« – haben[1], sprechen in den letzten Jahren verstärkt vom Wiederaufleben der Religion. Da wir erfuhren, wie wenig Wissenschaft und Technik über den »Sinn des Menschen« aussagen, suchen wir diesen auf Gebieten, die über den Alltag hinausreichen: in der Literatur, in der Kunst, im inneren Leben.

Diese Suche spricht nicht schon von vornherein dafür, daß die traditionellen Kirchen eine Antwort bereit haben. Vielmehr scheint es, daß gerade die kirchengebundenen Menschen zurückbleiben. Sie sollen sich mit überholten Denkmustern zufriedengeben, während sich die Welt auf das Ende des Jahrtausends vorbereitet.

Bieten die Kirchen wirklich die besseren Alternativen? Gewiß zählt die Wiederentdeckung des Individuums zu den Megatrends der Zukunft. Der einzelne Mensch war fast ein Jahrhundert lang von totalitären Systemen bedroht. Nun befindet er sich in einer Lage, in der er stärker erscheint als je zuvor. Allerdings kommen nicht alle mit der neugewonnenen Freiheit zurecht. Sehr viele haben schlicht Angst und suchen einen Halt, weil sie allein und auf sich selbst gestellt nicht recht weiterwissen. Sie ziehen die alten Bindungen noch immer der neuen Chance vor. Religion nach Kirchenart ist eine solche Bindung.

Nicht von ungefähr schleppen viele jenen religiösen Ballast mit sich herum, den sie einmal aufgeladen bekamen. Eigentlich müßten sie sich schon längst befreit und die Last abgeworfen haben. Doch finden sie nie so recht die Zeit oder den Mut dazu. Ich nehme an, daß Millionen sogar aus purer Bequemlichkeit versäumen, die Konsequenzen zu ziehen.

Dabei haben Sie doch die Chance zu wählen! Nehmen Sie Ihre Zukunft in die Hand! Fassen Sie sich ein Herz! Bleiben Sie getrost in Ihrer Kirche, wenn Sie überzeugt sind, ohne Betreuung könnten Sie (noch) nicht leben! Oder denken Sie beherzt daran auszutreten, wenn Sie meinen, Sie seien längst über die Phase der Fremdbestimmung hinausgewachsen!

Stellen Sie sich auf Ihre eigenen Füße, dann haben Sie wenig Angst, nach Ihrem Kirchenaustritt allein zu sein, »draußen« zu stehen, ohne etwas Passendes zu finden – eine andere Gemeinschaft, eine weiter gefaßte Solidarität unter Menschen. Haben Sie sich von der Bestimmung durch andere befreit, wird es Ihnen nicht mehr unangenehm sein, offen sagen zu können: Ich gehöre nicht mehr dazu. Jedenfalls nicht mehr zu dieser Gruppe oder zu diesem »Verein«.

Schauen Sie sich Ihre Bekannten und Freunde einmal näher an: Einer muß immer anfangen. Vielleicht fing sogar schon einer an, von dem Sie es nicht erwarteten. Diskutieren Sie das Problem mit Gleichgesinnten und wagen Sie, wenn es Ihnen leichter fällt, den notwendigen Schritt zu zweit oder zu dritt!

Bleiben oder gehen: Beide Wahlmöglichkeiten stehen Ihnen offen. Die dritte Chance, nämlich alles unbedacht beim alten zu lassen, stellt sich Ihnen nur, wenn Sie zu den Karteileichen gehören möchten, die zu bequem sind, sich entweder in der Kirche zu engagieren – oder mutig auszutreten. Denken und handeln Sie eigenverantwortlich, werden Sie keine Angst verspüren, das Richtige zu tun. Dann schauen Sie nicht so sehr darauf, was andere für richtig halten. Dann wissen Sie längst, was für Sie persönlich die beste Wahl ist. *Vertrauen Sie seelenruhig Ihrem Gefühl!*

Ich kenne beide Seiten des Problems aus eigener Erfahrung. Denn ich war siebzehn Jahre lang katholischer Priester. 1975 bekam ich als Theologieprofessor Schwierigkeiten mit den deutschen Bischöfen und dem Vatikan, und 1981 verließ ich die Kirche. Diesen Schritt bereute ich keine Minute. Wenn Sie dem Insider vertrauen, nehme ich Sie mit auf eine spannende Reise durch das weite Feld kirchlicher Glaubensargumente.

Kümmerte sich jemals ein Pfarrer um Ihre Sorgen?

Wußten Sie, daß Sie im Laufe Ihres Lebens durchschnittlich 30 000 bis 60 000 DM Kirchensteuer zahlen? Das bedeutet jede Woche eine Stunde, jedes Arbeitsjahr eine volle Woche und auf das gesamte Leben bezogen ein ganzes Jahr nur für die Kirche zu arbeiten.

Nicht wenige halten es für ein Unglück, wenn ihnen eine schwarze Katze von links – oder ein Pfarrer über den Weg läuft. Mit den Angehörigen dieses Berufsstandes wollen sie nichts (mehr) zu tun haben. Sie brauchen sie einfach nicht. Klempner, die sofort ins Haus kommen, wenn die Waschmaschine leckt, oder Dienste, die am Wochenende den kaputten Fernseher reparieren, sind wichtiger. Teuer sind sie natürlich auch, aber man weiß wenigstens, was man für sein Geld bekommt.

Bei den Pfarrern, die sich ihren Dienst auch bezahlen lassen, ist das nicht so klar. Viele Menschen, die brav ihre Kirchensteuern zahlen (und nicht wenig!), klagen darüber, daß sie ihren eigenen Pfarrer so gut wie nie sehen. Vielleicht gehören auch Sie zu dieser Gruppe! Denken Sie ruhig nach...

Der Begriff »Seelsorger« hört sich gut an. Wenn einer schon in seiner Berufsbezeichnung angibt, er sorge sich (um andere), klingt das nicht schlecht. Zwar nennen sich die Experten für den

13

Körper schlicht Ärzte und nicht »Leibsorger«, doch ist das eben so eine Sache mit der »Seele«. Die geistlichen Fachleute sagten jedenfalls zu allen Zeiten, der Mensch lebe nicht vom Brot allein und die Seele sei wesentlich wichtiger als der Leib.

Immerhin gibt es seit vielen Jahrzehnten auch Mitmenschen, die keine Pfarrer sind und sich doch um die Psyche kümmern: die Psychotherapeuten oder Psychiater. Auch sie sind nicht umsonst tätig, aber sie lassen sich für Ihr Geld wenigstens sehen und sprechen. Und mit dem Krankenschein kann man bei ihnen auch etwas anfangen.

Doch kommen Sie mit wirklichen – und nicht bloß eingeredeten – Problemen oder Bedürfnissen auf die Pfarrer zu, versagen diese regelmäßig. Suchen Sie Hilfe, müssen Sie sich selbst um Alternativen kümmern. Pfarrer sprechen zwar sonntags davon, daß sie »gute Hirten« seien, aber die meisten Schafe bekommen die Hirten nie zu Gesicht. Es fällt auf, daß sich Pfarrer vor allem, wenn nicht ausschließlich, um jene Menschen kümmern, die zum engsten Kreis gehören und als praktizierende Christen gelten. In jeder Gemeinde finden Sie Beispiele: Die Gläubigen kennen sich recht gut, ihr Pfarrer nennt sie beim Namen, verabschiedet sich nach dem Gottesdienst mit Handschlag von ihnen, kommt zu den Familienfesten auch mal ins Haus. Von dieser Seite bekommt er Unterstützung; von den so Umsorgten denkt kaum einer an den Kirchenaustritt. Man ist bestens aufgehoben. Man kennt sich und man schätzt sich. Man will nicht auf sich verzichten.

Das ist sicher ein einleuchtender Grund, auszuharren und sich für die eigene Pfarrei zu engagieren. Doch nicht alle Gemeindeglieder haben ähnliches Glück. Tausend Beispiele lassen sich dafür anführen, daß es solche und solche Hirten – und Schafe – gibt. Offenbar stehen manche dem Herzen des Hirten näher als andere. Sogar eine Art Zweiklassengesellschaft bildete sich aus, wenn auch »alle Menschen vor Gott gleich sind«. Man kann leicht die Probe aufs Exempel machen und in der eigenen Straße oder im Wohngebiet herumfragen, ob der zuständige Pfarrer überhaupt je seine Hausbesuche machte – und bei wem.

Wo bleiben die Pfarrer, wenn Sie wirklich mal einen brauchen? Das ist schon eine Sache mit der »Seele«. Pfarrer sagen, sie verstünden was davon. Aber sie fallen mit der Tür ins Haus. Unter »Himmel und Hölle« tun sie es selten. Daher sprechen sie gern von »Sünde« und »Erlösung«. Auf diesem Gebiet wollen sie sich auskennen. Da geht es gleich um Leben und Tod. Um ihre »wesentlichen« Fragen, deren Sicherheit darin liegt, daß niemand sie beantworten kann. Sie leben von dem nicht zu erbringenden Beweis. Vielleicht wurde mit nichts anderem je soviel Geld verdient wie mit der Nutzung der relativ einfachen Tatsache, daß niemand sicher sagen kann, ob es ein zweites Leben, ein Leben nach dem Tod gibt.

Sähen Sie selbst es nicht lieber, wenn Sie eine konkretere, alltäglichere und menschlichere Hilfe bekämen? Solidarität, wenn Sie schuldig wurden – und nicht gleich große Worte von Buße und Reue? Trost im Leid – und nicht Vertröstung aufs Jenseits oder Messen lesen lassen für die Toten? Mitfreude beim stillen Glück, wenn Sie endlich ein Baby erwarten – und nicht schon die Frage nach dem Tauftermin? Mitsorge, wenn das Kind unerwünscht ist – und nicht gleich der Ruf nach dem Paragraphen 218?

> **Die Kirche kann Ihre wirklichen Probleme nicht lösen. Sie muß versagen, weil sie in längst überholten Begriffen denkt. Die Fragen, die Sie stellen, gibt es jedoch hier und heute. Menschen, die ähnliche Probleme haben wie Sie, können Ihnen beispielsweise in einer Selbsterfahrungsgruppe mit Rat und Tat besser weiterhelfen als Kirchenvertreter.**

Die Mutter Kirche hilft nicht weiter. Sie kann vielmehr sehr hart sein. Immerhin halten ihre Vertreter an verdächtigen Morallehren fest: am Verbot der Geburtenkontrolle für kinderreiche Arme in den Entwicklungsländern oder am Verbot des Kondomgebrauchs durch Aids-Kranke. Sie erfanden zudem die inhumansten Gesetze, die das gegenwärtige Europa kennt[2], und sie fließen auch nicht gerade von Nächstenliebe über.[3] Ein Beispiel für das

Zusammenwirken von Kirchenrecht und Kirchendienern, für das Verhalten gegenüber einem von einem Priester »sakrilegisch« (»tempelräuberisch«![4]) gezeugten Kind: »Ich wurde vom Ortskaplan in Vertretung des Pfarrers getauft, damit jener sich mit mir nicht die Hände beschmutzen mußte. In der Absicht, der Zumutung zu entgehen, mit meinen Eltern ein Wort wechseln zu müssen, ließ der Pfarrer mein Taufbuch durch einen Abgesandten in unseren Briefkasten werfen. Für meine Schwester mußte 1973 die Taufe... erschlichen werden.«[5]

Wissen Sie, was katholisch sein konkret bedeutet? Das für Seelsorger verpflichtende Kirchenrecht schreibt beispielsweise vor:

- daß alle Gläubigen »in christlichem Gehorsam« befolgen müssen, was immer ihre Hirten lehren oder anordnen (c. 212),
- daß in Todesgefahr ein Kind auch gegen den Willen seiner (nichtkatholischen!) Eltern katholisch getauft werden muß (c. 868 § 2),
- daß Eltern, die ihre Kinder nicht katholisch taufen oder erziehen lassen, mit einer »Beugestrafe« belegt werden (c. 1366),
- daß »reuelos« Verstorbene weder kirchlich begraben werden dürfen noch einen Anspruch auf eine Begräbnismesse haben (c. 1184)?

Nicht einmal nach dem Tod eines lieben Menschen habe sich der Pastor blicken lassen, höre ich klagen. Er habe sich am offenen Grab verabschiedet, routinemäßig, und das sei es dann gewesen. Trost hätten andere gespendet: Nachbarn, Bekannte, Freunde.

Kommen Pfarrer nur ins Haus, wenn sie etwas von Ihnen wollen? Es ist schon peinlich, wenn Sie Ihren Pfarrer nur zu sehen bekommen, wenn er »ein besonderes Anliegen« hat, das heißt, wenn er Geld von Ihnen will. Doch selbst in diesen Fällen schicken manche Hirten nur ihre Vertreter vorbei: die Sternsinger zum Dreikönigsfest, die Caritas-Sammlerinnen im Herbst.

Falls Sie noch zu einer Kirche gehören, zahlen Sie erhebliche Summen an diese. Doch haben Sie deswegen nicht schon Taufe, Hochzeit, Beerdigung frei. Meist kosten solche Dienstleistungen extra Gebühren. Von den Spenden, die von Ihnen aus gegebenem Anlaß erwartet werden, gar nicht zu reden.

Da die beiden bundesdeutschen Großkirchen Milliarden einnehmen und, nach ihren eigenen Angaben, diese Riesensummen auch getreu verwalten, wirkt es recht merkwürdig, wenn fast jeden Sonntag zusätzlich gesammelt wird: für Kirchbauten, Bibliotheken, Weltmission und so fort. Wo bleibt das viele Steuergeld, wenn ständig Sonderspenden gefordert sind?

Ich höre von Eltern, daß sich der Ortspfarrer im »Katholischen Kindergarten« (dem einzigen am Ort) nur zum Wortgottesdienst und zu seinem eigenen Geburtstag blicken ließ. Im letzteren Fall thronte er auf einer Art Hochsitz, hörte sich die Glückwünsche der Erzieherinnen an (er ist ihr Arbeitgeber!) und nahm von jedem Kind eine Blume als Geschenk entgegen. Dafür ließ er sich von den Dreijährigen duzen. Anschließend stellte er im Kindergarten feste »Spendenboxen« auf und übergab den Kindern kleine Spendenbeutel, die sie zu Hause füllen lassen sollten – für irgendeinen weiteren guten Zweck.

Pfarrer leben von Ihrem Geld, oder etwa nicht? Könnten sie nicht auch was dafür tun? Handwerker oder Ärzte machen es ja auch so. Warum nur lassen sich Pfarrer so ungern mit diesen Berufen vergleichen? Sie wollen nicht auf eine Stufe mit dem Hausarzt oder dem Schornsteinfeger gestellt sein. Denn sie kümmern sich um das »Wesentliche«. Was dieses angeblich ist, sage ich noch. Daß dieses »Wesentliche« Sie besonders viel Geld kostet, weise ich nach.

Ein Grund für die auffällige Zurückhaltung der Geistlichen könnte der Termindruck des Pfarrers sein. Sind Pfarrer aber wirklich überbeschäftigt? Ist das Priesterleben ein Opferleben? Die Bundesrepublik kennt Millionen Arbeitslose, darunter keinen katholischen Pfarrer. Auch ist nichts bekannt von einem Arbeitslosenbeitrag, den Kleriker hierzulande aufbrächten.

Ganz sinnlos wäre ein solcher Beitrag nicht. Wenn er den Herren schon nicht angemessen erscheint, um arbeitslose Werftarbeiter zu unterstützen, so vielleicht als innerkirchliche Einrichtung: Denn nicht wenige ehemalige Priester stehen zunächst einmal auf der Straße. Die Kirche, wortreich im Bekenntnis zur Nächstenliebe, kümmert sich nicht gerade heftig um solche »Verräter«. Sie sieht es offenbar lieber, wenn die früheren »Mitbrüder« vom Altardienst direkt zu einer Versicherungsagentur überwechseln, um Frau und Kinder durchzubringen.

Priesterkinder? Es sind gar nicht so wenige. Schon die verbotene Liebe zu einem Gottgeweihten hat menschenunwürdige Konsequenzen, zumal es für eine Frau erniedrigend ist, dauernd verheimlicht zu werden. Erst recht ist die Existenz der verbotenen Kinder ein fortdauernder Skandal. Ist ein Kind von klein auf gezwungen, einen geliebten Menschen wie den Vater (oder beide Eltern) beschützen zu müssen, indem es ihn offiziell nicht kennt, wird seine Liebe mißbraucht. Doch da die Kirche strikt an ihrem unmenschlichen Gebot festhält, bezieht sie diesen Mißbrauch bewußt in ihr Kalkül ein: Das Schweigen der betroffenen Kinder ist noch immer der beste Schutz.[6]

Haben Pfarrer einen übervollen Terminkalender? Über viele Jahre hinweg machte ich meine Beobachtungen vor Ort. Was ich nicht mit eigenen Augen sah, ließ ich mir unterwegs erzählen. Immer wieder dasselbe Resultat: Jeder praktische Arzt hat mehr zu tun als ein Pfarrer. Ich sah auch etliche Pfarrhäuser von innen. In keinem herrscht räumliche Enge. Mancher ehelose Hagestolz verfügt über ein Dutzend Zimmer. Daß er Wohnungssuchende aufgenommen hätte, blieb bisher unbekannt.

Offensichtlich hält auch das Argument nicht der Wirklichkeit stand, katholische Hirten blieben ledig, um ganz für die Ihren dazusein. Papst Paul VI. sprach davon, das »geweihte Leben« sei ein »mit besonderen Vorzügen ausgestattetes Zeugnis der beständigen Suche nach Gott, einer einzigen und ungeteilten Liebe zu Christus, einer völligen Hingabe, damit sein Reich wachse«[7].

Ich hielt diese Begründung, die Johannes Paul II. penetrant wiederholt[8], immer für falsch. Sie diskriminiert zum einen die nichtkatholischen Pfarrer, deren »Ganzhingabe« durch Frau und Kinder leiden soll. Zum anderen klopft sie nur sich selbst auf die Schultern. Denn noch nie wurde bewiesen, daß ein – in der Regel verheirateter – Arzt sich weniger für andere aufopfert als der zölibatäre Pfarrer. Nachweisbar ist nicht, daß das zölibatäre Leben der »beständigen Suche nach Gott« dient, wie der Papst meint. Zu beweisen ist allenfalls, daß es »mit besonderen Vorzügen ausgestattet« ist: In der Bundesrepublik fallen unter diese beispielsweise die hohen Bezüge katholischer Priester oder die Tatsache, daß deutsche Bischöfe ihre Gehälter aus allgemeinen Steuermitteln beziehen.[9]

Was tun die Hirten denn den lieben langen Tag? Sie verwalten ihren Beruf wie einen Besitz und sorgen dafür, daß alles so bleibt, wie es ist. Sie fahren in aller Regel dickere Autos als die meisten ihrer Gemeindeglieder, sie rufen über ihre Diensttelefone jene an, die ohnedies »dazugehören« oder von denen sie noch mehr wollen, sie leben sorgenfrei in ihren Dienstwohnungen – und bekommen auch schon mal Energiekosten, Dienstgespräche, Autokilometer erstattet. Alles ist ihnen von Herzen gegönnt, doch alles unterscheidet sie auffallend wenig von den »Kindern dieser Welt«.

Manch ein katholischer Familienvater mit durchschnittlichem Einkommen kommt ins Grübeln: Jedem Pfarrer geht es wirtschaftlich besser als mir. Das ist eine Tatsache. Nur der Papst scheint sie nicht zu kennen, mahnte er doch unlängst den Hl. Geist, er möge die Augen der jungen Leute »abwenden von irdischen Vorstellungen«[10], damit sie lieber Priester würden. Rechnet ein katholischer Jungmann nüchtern seine Chancen hoch, so kommt er (wie mir nicht selten bestätigt wird) zu dem Ergebnis: Werde ich Pfarrer in der Bundesrepublik, habe ich nicht nur »seelisch« für mein ganzes Leben ausgesorgt. Mit 25 bis 30 Jahren in den Beruf und bis zum Lebensende versorgt, das gelingt nicht jedem.

Die stolzen Worte vom »Opferleben« der Priester bleiben hohle Sprüche.
Wo kämen wir hin, wenn beispielsweise ein Pfarrer selbst die Hypotheken für sein Häuschen abtragen müßte? Dann wäre er nichts Besonderes mehr. Dann wäre er wie wir alle – oder doch wie die meisten von uns. Dann brächte er ein Arbeitsleben lang wirkliche Opfer. So weit läßt es seine Kirche aber nun doch nicht kommen. Sie nennt sich »Volkskirche«, doch scheint sie vom Volk vor allem das Geld für ihre Pfarrer zu erwarten. War es zuzeiten schön, »wie Gott in Frankreich« zu leben, ist es gegenwärtig loh-

nender, Pfarrer in der Bundesrepublik zu sein. Verglichen mit der Mehrheit seiner Schäfchen steht hier ein Hirte auf der Sonnenseite.

Der Apostelfürst Petrus selbst, auf den sich die Päpste so gern berufen, stellt – wenigstens nach drei von vier Evangelisten (so wichtig war denen die Sache!) – seinem Herrn die peinlichste Frage, die die sogenannte Frohbotschaft des Neuen Testaments enthält: »Siehe, wir haben doch alles verlassen und sind dir nachgegangen. Was bekommen wir denn dafür?«

Wer die Geschichte der Kirche und der sie tragenden Ideologien kennt, rechnete mit dieser Frage.[11] Stünde sie nicht schon in der Bibel (Mt 19, 27 u. a.), wäre sie bald von einem Papst in die Welt gesetzt worden. Erfunden ist sie ohnedies, zumal die Antwort, die Jesus gegeben haben soll, einer typisch klerikalen Geistigkeit entstammt: »Ihr werdet bei der Erneuerung der Welt... mitregieren.« Das kommt vielen gerade recht: Endlich dürfen sie mitherrschen auf ewig und sogar über alle anderen »zu Gericht sitzen« (Lk 22, 30). Noch mehr: »Niemand verläßt sein Haus, Brüder, Schwestern, Mutter, Vater, Kinder oder Grund und Boden um meinetwillen, ohne es hundertfach wiederzubekommen, jetzt auf dieser Welt: Häuser, Grund und Boden.« (Mk 10, 29 f.)

Die beiden Großkirchen sind die größten nichtstaatlichen Grundbesitzerinnen Deutschlands![12] Schon jetzt sichtbar den hundertfachen Lohn erhalten, sich den Verzicht vielfach zurückerstatten lassen, Häuser und Grundbesitz annehmen um des Himmelreiches willen: Das ist Geist vom Geist derer, die ein Opferleben führen. Merken Sie, was es mit den typischen Kirchendiener-Ansprüchen auf sich hat: Drüber ein Herrscher- und Richteramt, hienieden Grund und Boden – und alles unverblümt als Nachfolge Christi deklariert, als »Zeichen, dem die Welt widerspricht«? Von Kirchenleuten kann vieles verlangt werden, nur das eine nicht: Verzicht auf die eigenen geldwerten Vorteile. Doch Ihnen und Ihren Kindern predigen sie nicht nur zur Fastenzeit »Opfer«! Da wird mit zweierlei Maß gemessen.

20

Sehen Sie eine Kirche
nur an Weihnachten von innen?

Wußten Sie, daß die Kirchen nur einen verschwindend geringen Prozentsatz ihrer Steuereinnahmen für öffentliche soziale Zwecke aufwenden, während auch Kirchenfreie über ihre allgemeinen Steuern die Priesterausbildung, den Religionsunterricht, die Militärseelsorge und ähnlich typische Kirchenzwecke mitfinanzieren?

Das Fernsehen macht vieles möglich. Es bringt hin und wieder sogar Bilder vom legendären Reichtum der Kirche ins Wohnzimmer. Schalten Sie den Apparat ein, um den »Ostersegen« des Papstes anzuschauen, staunen Sie über die Prachtbauten des Vatikans. Wer die wohl erbaute? Wer sie bezahlte? Richtige Katholiken fragen nicht danach. Sie freuen sich, daß alles so ist, wie es ist. Manche unter ihnen sind sogar ein wenig schadenfroh, weil die Konkurrenz verhältnismäßig schlecht aussieht: Luthers Wittenberg wirkt relativ dürftig, und das typisch barocke, katholische Ambiente deutscher Dome spricht nun mal das Gemüt eher an als die beste Schriftgelehrsamkeit, die sich in weißgekalkten Kirchenräumen produziert. Und während Luther von Buße, Buße,

21

Buße sprach, meinte einer seiner Zeitgenossen, gerade Papst Leo X. geworden, er wolle das neue Amt richtig »genießen«.[13]

Wer sich im Kreis praller Engelchen wohlfühlt und Silber wie Gold gern prunken sieht, ist in den Kirchen Süddeutschlands gut aufgehoben. Selbst der Petersdom in Rom – eine Kirche, deren Fläche etwa der von sechs Fußballplätzen entspricht[14] – kann dann eine Stütze für den Glauben sein. Manche Menschen begucken sich mit frommem Schauder die 500 Säulen, 430 Großstatuen, 40 Altäre und zehn Kuppeln der größten Kirche der Christenheit. Sie geraten auch nicht ins Nachdenken, wenn einige Papstgräber in der Peterskirche dezente Hinweise auf das Wohlleben des jeweiligen Oberhirten bieten: etwa die schmucken Schenkel der Giulia Farnese am Sarkophag Papst Pauls III. († 1549), des Vaters von vier Kindern.

Andere Christen mögen es etwas weniger aufwendig. Schalten solche zu Weihnachten die Christmette ein oder die »Mitternachtsmesse«, kommen sie auf merkwürdige Gedanken. Schon wieder lauter vergoldete Heilige, und Marmor scheint das Normalste von der Welt in einer solchen Kirche zu sein. Denken Sie auch so? Dann bekommen Sie vielleicht Mitleid mit dem Kind in seiner Strohkrippe. Das muß sich doch ziemlich deplaziert vorkommen in all dem Prunk, den seine Verehrer mittlerweile lieben. Armut herrscht da jedenfalls nicht. Gerade die amtierenden Kleriker sehen nicht bedürftig aus. Die Gewänder, die sie zum Fest anlegen, strotzen nur so von Goldgewirktem. Das Weihrauchfaß ist aus purem Silber, der Kelch aus Gold. Hier und da blinkt ein edler Stein. Ob alle Kirchen ähnliche Schätze horten, wissen die meisten Zuschauer nicht. Ob es eine Art Finanzausgleich zwischen den reichen und den armen Vettern unter den Klerikern der Welt gibt, auch nicht. Doch manch ein Zuschauer beschließt, seinem Pfarrer beim nächstenmal nicht die zwei Groschen wie üblich in den Klingelbeutel zu legen. Die Kluft zwischen dem TV-Prunk und der armen Kirche in der Dritten Welt erscheint ihm zu groß.

Das Problem bleibt. Solange es viele Menschen gibt, deren Gemüt nach solcher Nahrung verlangt, wären die Kirchen schlecht beraten, erfüllten sie dieses Bedürfnis wenigstens an den hohen Festtagen nicht. Die Gefühligkeit will eine möglichst bombastische Fronleichnamsprozession haben und eine lateinisch gesungene Festmesse an Ostern sowie meterhohe, mit Kerzen und Lametta geschmückte Tannen an Weihnachten. Das gehört, sagen sie, ganz einfach zur Kirche.

Wo bleibt das Wesentliche am Christentum, das sonst beschworen wird? Ging es längst im Flitter der Feste unter? Man kann sich selbst testen: Ginge ich auch in Südafrika oder Florida zur Kirche, wenn am Weihnachtsmorgen die Sonne scheint und herrliches Badewetter an den Strand lockt? Oder brauche ich das »deutsche Weihnachten« mit Christbaum, Krippe und Schnee, um mich richtig wohlzufühlen?

Das Weihnachtsfest, wie wir es kennen, ist übrigens nur eine weitere Anleihe der Christen bei den »Heiden«.[15] Wie so vieles andere, wie Glocken und Weihrauch und Weihwasser, wie Osterlamm, Osterei, Osterhase und Osterlicht.[16] Solche Symbole sind uralt, und keines von ihnen scheint an Attraktivität verloren zu haben. Interesse zeigt die schweigend zahlende Mehrheit der Festbesucher fast nur noch am Fortbestand einer gewissen religiösen Folklore. Einen spezifisch christlichen Inhalt sucht sie kaum mehr.

Die Anziehungskraft der Folklore ist freilich nicht zu unterschätzen. Taufwasser, Hochzeitsglocken, Begräbnisriten widerstehen aller Kirchenkritik, ob diese nun von innen oder von außen kommt. Viele Menschen meinen, so müsse es sein. Sie weigern sich hartnäckig, sich von den überkommenen Zeremonien zu verabschieden. Mitten in einer zunehmend technisch orientierten Umwelt glauben sie, solche Orientierungspunkte zu brauchen. Diese aber blieben heidnisch.

> **Weder Taufriten noch Hochzeitsfeiern noch Begräbnisfeiern sind spezifisch christlich. Die Kirchen erbten sie nur und gestalteten sie für ihre eigenen Zwecke um. Die bizarren Gewänder katholischer Kirchenfürsten zum Beispiel (auch sie heidnische Erbstücke) entsprechen ebenso wie die ins Dämmerlicht getauchten gotischen Dome unserer Großstädte der noch weit verbreiteten Hilflosigkeit, selbständig die Fragen nach Leben und Sterben zu beantworten.[17]**

Unselbständigkeiten fordern ihren Preis. Sie kosten beispielsweise die Bundesdeutschen Jahr für Jahr Milliarden. Freilich können Sie nicht nur weiter gläubig sein, nachdem Sie die Kirche verließen (darüber später), sie können auch weiterhin ruhigen Gewissens von dieser Folklore profitieren, nachdem Sie ausgetreten sind. Lassen Sie sich nicht einreden, Sie »schmarotzten« bei den Kirchen. Denn dieser Vorwurf ist nicht nur unchristlich und kaum am Vokabular der Nächstenliebe geschult, sondern er entspricht auch nicht der Wahrheit.

Argumentiert der Vorsitzende der Deutschen Bischofskonferenz, der Mainzer Bischof K. Lehmann, in der aktuellen Diskussion um die Kirchensteuer, die Kirchen leisteten »sehr viele Dienste, die wir für viele Menschen, auch Nichtkatholiken, in diesem Land übernommen haben«[18], so verschweigt er bewußt oder aus Unkenntnis eine doppelte Tatsache: Zum einen werden diese Dienste zum überwiegenden Teil nicht aus Kirchensteuermitteln bezahlt, zum anderen zahlen »Nichtkatholiken« ebenso wie »Kirchenfreie« über ihre Steuern den Löwenanteil an diesen Diensten aus eigener Tasche mit.

Nicht nur die Kirchenmitglieder, sondern ausnahmslos alle Bundesdeutschen finanzieren – zumindest über die Denkmalspflege – in Millionenhöhe beispielsweise die Dome der Nation mit. Da unser Staat riesige Subventionen an die Kirchen zahlt, um solche Kulturgüter zu erhalten, ja, da er in der Regel den Hauptanteil bei Kirchenrenovationen übernimmt[19], sind alle Steuerzahlenden berechtigt, von diesen ihren Investitionen zu profitieren, sooft sie wollen. Sehen die Kirchen dies anders, sollen sie auf die allgemeinen Zuschüsse aus den Etats der Länder und Kommunen verzichten und ihre Dome nur noch für Kirchensteuerzahler öffnen.

Ob sie unter diesen von vornherein einen größeren Glauben finden?

Gehen Sie schlicht davon aus, daß viele Christen, die an Weihnachten neben Ihnen in der Kirche stehen, auch nicht mehr glauben als Sie selbst. Umgekehrt: Der Schritt aus der Kirche bedeutet nicht gleich den Schritt in den Unglauben. Kirchenfreie sind nicht von vornherein Atheisten. Die klerikale Propaganda flüstert zwar immer wieder in diese Richtung, doch das Gegenteil ist wahr. Ich kenne viele tiefgläubige Menschen, die nicht Mitglied einer Kirche sind – obgleich sie einer solchen zur Ehre gereichten und manche Gemeinde froh wäre, wenn sie noch auf deren Engagement bauen könnte.

Gläubig sein und sich an eine konkrete Kirche binden ist zweierlei! Nehmen Sie die Pfarrer ruhig beim Wort. Lassen Sie sich nicht vorwerfen, Sie hängten sich nur an die Gläubigen an, führen auf dem Trittbrett mit und feierten Weihnachten wie Parasiten. Schließlich zahlen Sie kräftig mit. Das tun Sie ebenso im Fall der »kirchlichen« Krankenhäuser, also bei jenen »Diensten«, die Bischof Lehmann ansprach.

In manchen Regionen der Bundesrepublik bleibt Kranken überhaupt keine Wahl. Entweder gehen die Patienten in ein kirchlich geführtes Krankenhaus – oder sie verzichten auf stationären Aufenthalt und Operation. Es bleibt eine üble Methode, den Kirchenfreien vorzuhalten, sie nutzten Sozialeinrichtungen in kirchlicher Trägerschaft nur aus. Das Gegenteil ist wahr.

> Ihr Argument für den Austritt: Stellt man die kirchlichen So-
> zialleistungen den Subventionen der öffentlichen Hand für
> Kirchenzwecke gegenüber, ergibt sich ein Verhältnis von
> mehr als 1:8 zum Nachteil der konfessionslosen Mitbürger.[20]
> Unter diesen Umständen wird jemand, der aus der Kirche aus-
> trat und dennoch weihnachtliche Folklore schätzt, doch wohl
> ein wenig mitfeiern dürfen. Auch kann die Kirche den Ausge-
> tretenen nicht vorwerfen, sie nutzten »ihre« Sozialeinrich-
> tungen aus: Immerhin unterhalten sie diese zu weiten Teilen
> über Ihre allgemeinen Steuern und Krankenversicherungsbei-
> träge mit.

Lassen Sie sich eigentlich gern Ihre Sünden vorhalten?

> Wußten Sie, daß Oberhirten einfach die falschen Optionen
> haben und beispielsweise unter »Sünde« noch immer eher
> die sexuelle Verfehlung von einzelnen verstehen als die ato-
> mare Hochrüstung einer ganzen Welt?

Leider ist das Feiern ein seltenes Ereignis im Kirchenjahr. Der
Alltag sieht trüber aus. Besonders traurig mögen jene Menschen
sein, denen von der Kirche gesagt wird, sie seien ganz offiziell »im
Stand der Sünde«. Sie fühlen sich schnell zurückgesetzt – und
kommen hin und wieder auf den Gedanken, die Institution zu
verlassen.

Zu diesen Gruppen (sie sind gar nicht klein!) gehören beispielsweise die Geschiedenen. Da die katholische Kirche unumstößlich
lehrt, die Ehe sei unauflöslich, gibt es für sie keine Möglichkeit,
Ausnahmen zu machen: Auch wenn mancher Pfarrer heutzutage
im persönlichen Gespräch nicht mehr gar so streng sein mag,
muß er sich doch an die innerkirchlichen Vorschriften halten.
Wer sich scheiden ließ, kann nicht wieder kirchlich heiraten. Geht

er/sie eine standesamtliche Ehe ein, lebt er/sie »in Sünde« und ist damit von den Sakramenten ausgeschlossen. Das kann sehr hart treffen.

Tief in das persönliche Leben greift auch die bekannte Haltung des Papstes zu den Fragen Empfängnisverhütung und Schwangerschaftsabbruch ein. Auch wenn Sie keine beruflichen Nachteile erleiden, können Sie sich doch Tag für Tag belastet fühlen. Eine bestimmte Verhütungsmethode (Bestimmung der Empfängnisbereitschaft nach Knaus-Ogino) empfohlen und alle anderen (Pille, Pessar, Kondom) verboten zu bekommen, ist nicht leicht. Besonders bedrückend wird die Situation, wenn einem solche Vorschriften unter Androhung von Sünde und Strafe gemacht werden.

Viele lassen zwar den Papst einen guten Mann sein und tun ohnehin, was sie wollen. Aber nicht alle sind so frei. Steckt eine Kirche freilich soviel Sündenangst in einen Menschen, daß dieser in einem der persönlichsten Bereiche seines Lebens keine Eigenverantwortung übernehmen kann, richtet sie sich selbst. Wer wird denn wirklich schuldig? Die einzelne Frau – oder die unbarmherzige Institution?

Es fällt vielen auf, daß Kirchenvertreter immer wieder die Sexualität unter den Begriff »Sünde« rechnen. Offensichtlich kennt die Kirche auf diesem Gebiet am wenigsten Pardon. Wenn schon Sexualität »ausgelebt« werden soll (ein Problem, mit dem sich Generationen von Pfarrern und Bischöfen herumplagten), dann bloß auf geregelte Weise. Denn, so Papst Pius XII., die nun einmal nicht wegzudiskutierende menschliche Lust wird nur akzeptiert, um »zum Dienst am Leben anzutreiben«[21]. »Geregelt« heißt: innerhalb der gültig geschlossenen Ehe, nicht vorher, nicht nebenher, und moralisch korrekt. Daher sind Masturbation, vorehelicher Verkehr, Beziehungen homosexueller Art »verboten«.

Neuerdings entdeckten Oberhirten in diesem Zusammenhang zwar wieder das Gewissen, doch ändert diese Entdeckung nichts am Sachverhalt: Sexuelle Vergehen bleiben sündhaft und sind nur durch Beichte, Reue, Buße wieder zu beheben.

Bischöfe und Päpste mochten und mögen zwar ihrerseits auf diesem Gebiet nicht sündenfrei sein[22], am Prinzip lassen sie nicht

27

rütteln. Zwar sprechen sie nicht mehr – wie der Kirchenlehrer Hieronymus – davon, Verheiratete lebten »nach Art des Viehs« und unterschieden sich im Beischlaf »in nichts von den Schweinen und unvernünftigen Tieren«.[23] Doch geheuer ist den Ehelosen um des Himmelreiches willen die Angelegenheit noch immer nicht. Der Papst wird nicht müde, entsprechende Anweisungen zu geben.[24]

Sexualität ist Vollzug von Leben. Schon von daher gesehen muß sie den absterbenden Kirchen verdächtig sein. Hirten und Schafe dürfen offiziell nicht leben, wie sie wollen. Ist Ihnen Ihr Körper für so etwas nicht zu schade? Wollen Sie sich ständig einreden lassen, dies oder jenes sei »unsittlich«?

Woher beziehen die ehelosen Prediger ihre Informationen? Unter Klerikern gilt es als ausgemacht, daß ihre Kirche einen besonderen Auftrag hat. Die Hirten gehen davon aus, ein – von Gott selbst vermitteltes und in seinem Auftrag verkündigtes – bevorzugtes und reserviertes Wissen über das »Sakrament der Ehe« zu besitzen. Mangelnde Sachkompetenz gibt es unter Kirchenleuten nicht. Sie haben die Sexualität (anderer) fest im Griff. Sie verkündigen ihre Wahrheiten, predigen – je nachdem – Gebrauch, Mißbrauch oder Enthaltsamkeit. Der Umstand, daß die Bibel selbst viel zurückhaltender ist, fällt ihnen nicht auf. Sie haben ihre eigene Tradition – und Praxis.

Wenn Sie meinen, Kirchenleute verstießen nur in Ausnahmefällen gegen die Moral der eigenen Kirche, sind Sie schlecht informiert! Über die Jahrhunderte der Kirchengeschichte hinweg wird das Problem der Priesterkinder und -frauen immer wieder lebendig.[25] Während die Hirten anderen Vorschriften machen, übertreten sie diese selbst ziemlich gewissenlos. Der »Spiegel« vom 5. November 1990 wurde konkret: Bei einem Priesterkurs im Rhein-Main-Gebiet stellte der Leiter fest, daß von den teilnehmenden 20 Priestern 18 eine Beziehung mit einer Frau hatten. Drei Viertel der bundesdeutschen Theologieprofessoren sollen eine feste Partnerin haben. Die Beachtung des Zölibatsgesetzes ist längst die Ausnahme. Eine in Boston veröffentlichte Studie meint, nur noch zwei von hundert katholischen Priestern in den USA lebten streng nach den gesetzlichen Bestimmungen. Jeder dritte US-Priester ist sexuell aktiv.

Wo bleibt die oft beschworene Glaubwürdigkeit, wenn Kardinäle sich ihre Schäferstündchen leisten?[26] Wie steht es um die Würde der betroffenen Frauen, die versteckt leiden und gewollt oder ungewollt zum Objekt des Anstoßes werden? Sind es nicht immer noch die Frauen, die von sogenannten Christen wegen ihrer »Verführungskünste« die Schuld am »Fall« eines Priesters zugeschoben bekommen? Hörten die Gläubigen noch nie von den Nachstellungen eines Priester-Mannes?

> **Wer – wie gegenwärtig noch die Kirche – die Hand auf der Ehe hat, kann Millionen Gewissen gängeln.** Gehören auch Sie zu den Gegängelten, dann fühlen Sie sich bestimmt in Ihrer Ehe und Familie ständig reglementiert. Dabei gibt es genügend Alternativen, die Hilfen in Partnerschafts- und Erziehungsfragen bieten. Sie alle kommen ohne den Vorwurf der »Sünde« aus.

Wer annimmt, Liebe sei eine Himmelsmacht, das Paradies liege schon auf Erden und alle Menschen seien ohnehin reine Engel, mag sich aufregen, wenn überhaupt noch von Sünde die Rede ist. So naiv dürfen wir nicht sein. Es gibt nun einmal nicht nur Gutes auf der Welt, und manche unter Ihnen haben sicher einige Erfahrungen mit Mitmenschen gemacht – und mit sich selbst. Doch auch wenn Sie davon ausgehen, daß nicht alles in Ihrem Leben und in dem anderer im Lot ist, müssen Sie sich fragen, was eigentlich »Sünde« ist. Gerade hier steckt der Teufel im Detail.

Mit dem »Sündenbegriff« der Kirchen sollten Sie sich nicht zufrieden geben; er ist ausgesprochen einseitig. Auch wenn Sie einmal davon absehen, daß viele Kirchenleute schlicht sexualfixiert sind: Die Auffassung von »Sünde« selbst ist in diesen Kreisen falsch. Die Vertreter der Amtskirche lieben einen Begriff von Sünde, der sich an einer unbeweglichen Weltsicht orientiert. Als sittliches Übel oder als Unordnung wird alles angesehen, was die bisherige Ordnung (»Gottes Gebot«) stören könnte.[97] Das ist – für die Kleriker und ihr angebliches »Wächteramt«[28] – praktisch, denn auf diese Weise kann gleichsam an eigenen Listen, »Beichtspiegeln« oder »Bußkatalogen« abgelesen werden, was gut ist und was böse.

Der Mut zum freien Weiterdenken, der Mut zum Wagnis, das Andersdenken, Andershandeln, Andersglauben werden negativ beurteilt. Autorität, Ausübung von Autorität, Tradition und Gesetzesnorm aber gelten schlechthin als gut. Jeder Ungehorsam gegenüber diesen moralischen Instanzen soll als sittliches Versagen gelten. Gott selbst überwacht – durch sein Bodenpersonal in Rom und anderswo – seine Gebote, läßt seine Stellvertreter »binden und lösen« (Mt 16, 19), schenkt Gnade und Erlösung oder tritt an zum Gericht.

Diese Moralbegriffe fixierten einmal eine ganze Welt. Sie sind noch immer nicht überwunden. Sie sind mitschuldig am Verderben einer Menschheit, verantwortlich für die Sündhaftigkeit von Millionen Menschen. Nicht von ungefähr verlassen immer mehr sehende Christen ihre früheren Kirchen. Sie empfinden den Sündenbegriff ihrer ehemaligen Hirten als Ausdruck der Reaktion. Sie sind nicht länger bereit, sich von einer Organisation, die im innersten verwundet ist, als »Sünderinnen« und »Sünder« betrachten und bestrafen zu lassen. Sie tun gut daran. Denn sie gehen den Weg in die Freiheit. Versuche, die schuldige Institution Kirche wiederzubeleben, sind vergeblich. Man sollte keinen Gedanken mehr daran verschwenden! Es gibt Wichtigeres zu tun.

Gegenwärtig verlieren vor aller Augen die »heiligen Personen und Dinge« von früher sowie die als unantastbar ausgegebenen Überlieferungen an Bedeutung. Die Menschen laufen solchen Heiligkeiten davon – und sie tun es ohne Reue. Die Verteidiger der Sicherheit von gestern müssen dieser Flucht hilflos zusehen. Ihr Gejammer über die eingetretenen Zustände klingt gequält. Sie geben vor, die Flüchtenden liefen ins eigene Unglück. Sie vernebeln die Tatsache, daß das Unglück der Menschen darin bestand, nicht schon früher weggelaufen zu sein.

Die jüngste Meldung aus Rom: Italiens Jesuiten empfehlen der Amtskirche, endlich wieder den »Mut« zu haben, klar und deutlich zu sagen, daß die Hölle existiert, ewig währt und das Schicksal aller ist, die reuelos im Stand der Todsünde sterben, daß sie unmittelbar auf den Tod folgt und eine fürchterliche Strafe darstellt.[29] Diese Doktrin sei keine Nebensächlichkeit des katholischen Glaubens, sondern ein »zentraler Bestandteil«. Es gebe im übrigen keinen Zweifel daran, daß die auf Erden begangenen Verfehlungen mit den entsprechenden Höllenstrafen gesühnt würden, daß es im Höllenpfuhl keine Strafmilderung gebe und das Höllenfeuer nicht etwa nur symbolisch sei, sondern real brenne.

Eine italienische, eine jesuitische Spezialität? Wer zufällig in die eine oder andere Kirchensendung hineinhört, erfährt, daß auch hierzulande kräftig mit Engeln und Teufeln hantiert und Sündenangst geschürt wird. Nicht alles, was sich »Die aktuelle Botschaft« oder »Das Wort zum Tag« nennt, ist ganz zweckfrei oder gar hilfreich. Erkennen Sie die subtile Ausbeutung von Menschen durch Menschen? Übrigens: Berührte das »Wort zum Sonntag« im ARD-Programm jemals eines Ihrer Alltagsprobleme?

Wer Angst macht, wer zu Ostern 1992 (!) vor ewigen Höllenstrafen in einem wirklich brennenden Feuer warnt, weiß, was er will. Doch gibt es noch schlimmere Formen der Angstmache: Auch jene Menschen beuten andere aus, die ein (vor Zeiten) geschlossenes Normensystem und einen »zeitlos gültigen« Sündenkatalog unterschiedslos allen Menschen und Kulturen aufzwingen. Jene Kleriker beuten aus, die einen (im Mittelalter!) formulierten Kodex von Glaubens- und Sittenformeln noch immer uneingeschränkt befolgen lassen wollen, sich aber allem Neuen, auch dem prophetischen Appell neuer Moral, von Grund auf versagen.

Wer lebensfeindliche Gesetze, die längst schon als unmenschlich zu erkennen sind, aufrechterhält und durchzudrücken sucht, koste es Leben, so viele es wolle, handelt unverantwortlich. Gesetze, unter deren Last Millionen zugrundegingen – und dies ohne Befreiung in irgendeinem »zweiten Leben«. Eine Religion, deren Erziehung den krummen Rücken statt den aufrechten Gang schätzt, steht zurecht am Pranger.

Die Ehefrau, die noch vor Jahren im Beichtstuhl als »Mörderin« diffamiert wurde, weil sie Verhütungsmittel angewandt und dies

31

als »Sünde der Unkeuschheit« gebeichtet hatte, zeugt gegen die Kirche, die mittlerweile alles »halb so schlimm« findet – und sich nicht einmal für die eigenen Todsünden gegen das Leben und die Würde der Menschen entschuldigt. Der pubertierende Junge, der noch unlängst jeden Samstag dieselbe »geheime Sünde« beichtete und dessen Leib und Leben Stück für Stück gedemütigt wurden, klagt den Pfarrer an, der im Beichtstuhl für eine Kirche tätig ist, die selbst weder öffentliche Scham noch Reue kennt.

Inzwischen lernten viele Pfarrer dazu; sie sind nicht mehr so streng wie früher. Aber sind Sünden, die noch vor Jahren als solche galten und unnachgiebig verdammt wurden, heute plötzlich keine mehr? Holte der Zeitgeist die Hirten ein? Wer besonders unmoralisch handeln möchte, erfinde Gesetze und Sündennormen, die zu schwer sind; der lasse sie übertreten, der neige sich den Übertretenden, Überforderten zu und verspreche ihnen, bis zum nächstenmal, seine Absolution und Vergebung.

Was rechte Schriftauslegung, rechte Lehre sind, legt das Monopol der Männer da oben fest. Den Menschen da unten – Sie selbst gehören dazu! – bleibt nur noch, gehorsam anzunehmen, was von Kanzel und Katheder auf sie heruntergeht. Fiel Ihnen schon auf, daß Sie auch sonst recht wenig in der Klassengesellschaft Kirche zu sagen haben?

Die Sünde des Kirchenmanns, der über Gott verfügen will und immer ganz genau weiß, was dieser sagt, plant, will, ist ungleich größer als die des Menschen, der keinen Gott zu erkennen glaubt. Der herzlose Fanatiker, der liebesunfähige Kenner und Bewahrer der Glaubensformeln und -riten, der sich nicht um die Freuden und Leiden des Nächsten kümmert, ist ein entfremdeter Mensch, ein funktionierendes Rädchen in der Religionsmaschinerie – die selbst Teil der Kriegsmaschinerie der Erde ist.[30]

Wer die Bibel wörtlich nimmt, kennt das fünfte Gebot: Du sollst nicht töten! Die Kirche setzte freilich schon längst den Klartext des Gottesgebots um in bedingte Tötungsverbote. Sie kennt eine Regel – und einige Ausnahmen. Getötet werden darf nicht, sagt sie. Das gilt für private Morde, für den Freitod oder für Abtreibungen. Aber sie läßt legitime Ausnahmen zu: die Todesstrafe[31], den »gerechten Krieg«.

Was aber macht einen Krieg gerecht? Alles, was die Gegner der kirchlichen Lehre oder Politik schädigt. Dieser Grundsatz ist geschichtlich tausendfach bewiesen; er reichte noch mindestens bis Vietnam. Selbst das Zweite Vatikanische Konzil beerdigte den Gedanken des »gerechten Krieges« nicht. Papst Johannes Paul II. bezeichnete noch 1982 die Abschreckung mit Atomwaffen als sittlich vertretbar. Der New Yorker Erzbischof O'Connor legte erst neulich dar, daß seine Kirche die Anwendung von Atombomben durchaus billige.[32] Daß Päpste wie Bischöfe sich jahrhundertelang als Kriegsherren betätigten und keinerlei Rücksicht auf Gottes Gebot nahmen[33], fällt unter solchen Umständen nicht jedem auf.

Wenden Oberhirten wenig gegen das atomare Töten ein, hat es der Schutz des ungeborenen Lebens schwer. Nach einer Studie des US-amerikanischen Worldwatch-Instituts werden weltweit pro Jahr 50 Millionen Abtreibungen vorgenommen, davon die Hälfte illegal. Mehr als 200 000 Frauen überleben den Eingriff nicht; eine weitaus höhere Zahl stirbt an späteren Komplikationen. Die Zahl der Schwangerschaftsabbrüche nimmt bei einer restriktiven Gesetzeslage keineswegs ab, doch die Zahl der Todesfälle nimmt bei illegalen Abbrüchen drastisch zu. In den Ländern, in denen Geburtenkontrolle aus religiösen Gründen eine geringe Rolle spielt, ist die Abtreibung die gebräuchlichste Form der Geburtenregelung. Am schnellsten sank die Zahl der Abbrüche in jenen Ländern, die sie zum legalen Teil freiwilliger Familienplanung machten. In Staaten wie Dänemark, Frankreich, Italien und den Niederlanden steht der Schwangerschaftsabbruch sogar erst an vierter Stelle der Kontrollmaßnahmen. Im dezidiert päpstlich-katholischen Polen nimmt er hingegen die erste Stelle ein.[34]

Gewiß änderte sich in jüngster Zeit die Taktik der Kirche in Sachen Krieg. Mittlerweile entdeckte sie den Frieden. Auch Johannes Paul II. leidet an dem in Kirchenkreisen weit verbreiteten »Wir-auch-Syndrom«. Denn der Zeitgeist drehte sich, und von Nachrüstung kann zur Zeit niemand mehr so offen reden wie noch vor kurzem. Jetzt sagen die Kirchen, die eben noch Argumente für die Rüstung sammelten, sie seien für Frieden und Versöhnung. Denn sie dürfen den Anschluß an die neueste Denkform nicht verpassen. Immer schon hetzten Hirten hinter dem neuesten Thema her: Umweltschutz? Wir auch. Sozialismus? Wir auch. Kein Sozialismus mehr? Wir auch nicht mehr. Dieses Auch-Engagement richtet sie bei den wirklich Engagierten. Schrittmacher – gerade in Sachen Menschlichkeit – waren die Kirchen weder in ihrer Geschichte (davon spreche ich noch), noch sind sie es heute. Sie springen stets auf fahrende Züge auf.

Nicht jeder, der sich Seelsorger nennt, ist an wirklicher Sorge für andere Menschen interessiert. Die angebliche Sorge bezieht sich auffallend häufig auf bestimmte Ausschnitte des menschlichen Lebens, auf seelische Angst und Not vor allem – und auf das Angebot an die Verängstigten, durch »Bekennen von Schuld« Befreiung – und einen »gnädigen Gott« – zu erlangen.

In den 30 Jahren, in denen ich mich mit der Kirche befasse, lernte ich keinen einzigen Priester oder Bischof kennen, der Leben bedeutet hätte. Keinen, der Schuld und Sünde der Institution zugegeben statt entschuldigt hätte. Keinen, der die Millionen Menschen, die die Christenreligion auf dem Gewissen hat, beklagt hätte. Ich erlebte nur Herren, die eine sakralisierte Welt aufbauten und von deren Sicherheiten profitierten – doch den lebendigen Anliegen, Nöten, Ängsten, Leiden und Freuden der Menschen gegenüber seltsam verschlossen blieben.

Freilich fühlen sich noch immer viele Menschen bei den Kirchen gut aufgehoben. Sie sollen ihre sogenannte Sicherheit nicht verlieren: Wer Religion und Kirche mit der Garantie psychischer Stabilität gleichsetzt, wer ein Leben lang feste, unverrückbar sichere Normen braucht, um als Mensch leben zu können, und wer schon deswegen jeden Schlenker des Lehramts mitmacht, weil er Angst um sein überirdisches Leben hat, darf ruhig als Schaf im Pferch bleiben. Das sind schon Gründe genug für den Verbleib in der Kirche und gegen den Kirchenaustritt. Doch hoffentlich gewinnen die Millionen kleiner Seelen, die unter uns herangezüchtet und betreut werden, einmal einen weiteren Begriff von sich selbst.[35] Ich hoffe, daß Menschen Menschen werden.

> **Ihr Argument für den Austritt:** »Seelsorge«, wie Sie sie kennenlernten, bedeutet eine Fülle von Normen vermitteln, mit Sündenängsten belasten, ein bißchen Erlösungsgerede anbieten, geschäftsmäßig Angst und Hoffnung in einem machen. Diese Geschäftstüchtigkeit der kirchlichen Seelsorger könnte Sie auf bessere Lösungen neugierig machen.

Ist nicht viel »Allzumenschliches«, »Allzumännliches« in der Kirche?

> **Wußten Sie,** daß die von Männern beherrschten Kirchen so viele Leichen im Keller haben, daß sie offene Worte über ihre Vergangenheit und Gegenwart scheuen müssen? Daher werden Sie systematisch von Informationen ausgeschlossen.

Sachliche und konkrete Aufklärung ist nicht gerade die stärkste Seite der Kleriker: Vor allem was über innerkirchliche Vorgänge nach außen dringt, gleicht eher manipulierten Meldungen. Kein Wunder: Noch im letzten Jahrhundert nannte ein Papst die Gewissensfreiheit und ähnliche Grundrechte der Menschen schlichtweg »Wahnsinn«.[36] Die Gläubigen sollen den Eindruck gewinnen und behalten, ihre Kirche sei eine Insel des Friedens, auf der alle getreu ihrem Beruf oder Amt nachgingen und alle bösen Skandale denen da draußen im Ozean der Welt überließen.

Doch die heile Welt der Kirche ist getürkt. Männer rechnen nicht mit den Mängeln des eigenen Systems, denken und handeln fast immer geschichtslos und bleiben »logisch«-abstrakt. Wird ihnen eine Angelegenheit zu konkret und damit gefährlich, muß sie mit Bibelsprüchen abgedeckt werden (diese stammen übrigens ausschließlich von Männern!). Das »Gotteswort« stört die Kirchenkreise offenbar am wenigsten. Kirchenmänner nutzen es allein für ihre eigenen Zwecke.

Ein Beispiel: die »soziale Frage«. Kirchliche Geschichtsschreiber richteten in den Köpfen vieler Unheil an, denn sie ließen Menschen glauben, ihre eigenen Oberhirten hätten die soziale Not anderer – theoretisch wie praktisch – zu lindern gesucht. Die Wirklichkeit sieht anders aus. Bis ins 19. Jahrhundert hinein hatte kein einziger Papst für die Armen und Bedürftigen mehr übrig als ein Almosen. Keiner traf Vorsorge, um wenigstens das schlimmste Leid zu lindern. Soziale Neuerungen, die Erfolg hatten, kamen von nichtkirchlicher Seite. Erst als sich diese Neuerungen (Arbeiterbewegung, Gewerkschaften, Menschenrechtsbewegung) durchzusetzen begannen, bequemten sich auch Kleriker dazu, im nachhinein statt der üblichen Verdammung ein Vorsichtiges »Ja, aber« zu formulieren.[37] Dieses aber feiern sie, wie im Fall der »Sozialenzyklika« des »Arbeiterpapstes« Leo XIII. aus dem edlen Haus der Grafen Pecci, als »unsterbliches Dokument«.[38]

Hatte sich der biblische Jesus noch um jene gekümmert, die zu den Verachteten der Zeit gehörten, war keinem Papst Ähnliches unterlaufen. Diese Hirten lebten selbst in Saus und Braus[39], und »ihre« Stadt Rom darbte ebenso wie ihr Kirchenstaat. Jesu Beispiel zog in diesen Kreisen nicht, und vom Gotteswort war nur solange die Rede, wie dieses keine Konsequenzen für die eigene Lebenshaltung verlangte. Sätze wie »Alle Gewalt geht von Gott und nicht vom Volk aus« passen ins kirchliche Menschen- und Gesellschaftsbild. Wesentlich konkreter als die Mitteilung, nach Gottes Vorsehung hätten die Menschen in ihrem Stand zu verharren, also reich und arm, hoch und niedrig[40], wurden die Päpste nicht. Keine einzige ihrer Predigten befaßt sich, wenn sie die »Soziallehre der Kirche« behandelt, mit dem eigenen Besitz.

Nie wurde bekannt, daß ein Papst mehr abgegeben hätte als ein vergleichsweise bescheidenes Almosen. Auch die deutschen Bischöfe leben, nebenbei gesagt, nicht in Hütten, sondern in Palästen.[41] Armut ist jedenfalls bei Bischöfen nicht zu Hause. Sie findet sich in allen »Bischofsstädten« an anderer Stelle. *Wer freilich meint, Kirchenfürsten müßten »standesgemäß« – und nicht in biblischer Armut – leben, wird solche Argumente als unpassend ablehnen.*

»Das« Christentum gibt es nur als Abstraktion der Statistiker oder als einen am Schreibtisch entworfenen theologischen Wunsch.[42] Real gibt es die Kirchen: große steuerberechtigte (evangelisch, römisch-katholisch) und kleine (gesellschaftlich oft namenlose). Real sind auch die Verankerungen der Großkirchen in Gesellschaft und Staat.

Real sind der vergleichsweise hohe Grad an (männertypischer) Bürokratisierung dieser Kirchen, ihre unvergleichlich gute Finanzierung und ihre Wohlhabenheit. Real ist auch die Geschichte, auf die diese Kirchen zurückblicken. Und doch sind diese Wirklichkeiten immer noch ein Tabuthema.

Auf Nachfrage ist jeder Kleriker bereit, Ihnen Auskunft über die jeweils neueste Modetheologie und ihre Themen zu geben. Er zeigt sich auch willig, die letzte Ansprache des Papstes zu kommentieren (»alles nicht so gemeint«). Sprechen Sie ihn jedoch auf die Geschichte seiner Organisation oder auf aktuelle Zahlen, Daten und Hintergründe der Kirchenfinanzierung an, wird er sehr schnell einsilbig. Ein Mann sagt nicht gern, was seinesgleichen tat oder tut.

Wer die Zustände in den Redaktionen der Presse oder der Rundfunkanstalten und Fernsehsender kennt, kann berichten, welche Pressionen die Kirchen-Lobby auf Journalisten ausübt: Angst vor der Wahrheit? In Hunderten von Interviews sammelte ich Erfahrung: Druck auf Redaktionen, Drohung mit beruflichen Konsequenzen, Beschimpfung durch Christen(männer!) sind journalistischer Alltag. Andererseits sind die Kirchen sehr daran interessiert, ihre eigenen Sendungen möglichst oft durchzudrücken, Rundfunk- und Fernsehbeiträge freilich, die sorgfältig zensiert sind und vieles vermitteln, nur nicht die ganze Information, die lautere Wahrheit.

Es ist eben ein kleiner Unterschied, ob der Papst die Massenmedien als »gute Gabe und vollkommenes Geschenk« bejubelt, für das der »Vater im Himmel« zu »preisen« ist (Jak 1, 17), oder ob jene »Weitergabe von Informationen jeder Art«, die er in derselben »Botschaft zum 26. Welttag der sozialen Kommunikationsmittel am 31. Mai 1992«[43] als natürlich deutet, von den Seinen – im

Vatikan und anderswo – rigoros beschnitten und unterbunden wird.

Zensur nach Kirchenart nennt sich gern Ausgewogenheit. Sie fordert für sich selbst Toleranz (als hätten ausgerechnet Kleriker erfunden, was sie gegenwärtig für sich beanspruchen!). Doch da kein Kardinal bei einer Sendung ein Streitgespräch führt, sondern unangefochten plaudert, was er will, und da das »Wort zum Sonntag« nicht bestritten werden darf, deute ich diese Ausgewogenheit als das, was sie ist: als Gleichschaltung, als Bückling vor irgendwelchen einflußreichen Minderheiten in den Rundfunkräten oder anderswo.

Hier kämpft eine klerikale, sprich: männliche, Sperrminorität gegen das Bedürfnis der Mehrheit auf Information. Prälaten und Oberkirchenräte wollen nicht, daß die Wahrheit über ihre Kirche ans Tageslicht kommt, und jene Schwächlinge unter den Gläubigen, denen der letzte Halt genommen wird, wenn sie die ganze Wahrheit erfahren, weichen in anonyme Leserbriefe aus. Es sind nach meinem Wissensstand zu 99 Prozent Männer, die aggressive Briefe schreiben. Sehe ich die vielen Zuschriften durch, die ich erhielt, komme ich zu dem Ergebnis: Frauen argumentieren und fragen immer nach Gründen. In keinem einzigen Fall sind sie bloß aggressiv. Sie wollen verstehen. Immer lassen sie mit sich reden.

Absagen von Bischöfen auf Einladungen, Gesprächsaufkündigungen, Dialogverweigerungen gehören zum normalen Alltag in den Rundfunkanstalten. Die Oberhirten, denen einmal ein Apostel ins Stammbuch schrieb, sie sollten reden, »gelegen oder ungelegen« (2 Tim 4, 2), drücken sich, wo sie können, wagen sich nicht in den offenen Disput, schicken ihre Sprecher und Vertreter vor. Und wenn alles nichts nützt, fordert der Diözesanrat in Essen die Medien auf, Kirchenkritiker gleich gar nicht in Talkshows auftreten zu lassen ...[44]

Die »Kirche der Hoffnung«, das »Asyl der Freiheit«, weist nicht nur angstvolle Oberhirten auf, die den mutigen Dialog scheuen und sich in ihre festen Häuser zurückziehen. Sie kennt nicht nur Feiglinge, sie jagt auch anderen Angst ein. Die neueste Soziologie der Geschlechterbeziehungen geht davon aus, daß dieses Verhalten männertypisch ist.[45]

Mit Störern wurde die Männerkirche immer fertig. Sie kann keine schwarzen Schafe brauchen; ihr genügen die weißen, die keine gefährlichen Fragen stellen. Sind Denunziationen Andersdenkender an der Tagesordnung, behindern Prälaten die Suche von Journalisten und wollen sie Aufgedecktes, Bewiesenes nicht »auf Sendung« bringen lassen, hat der Vatikan – bis heute Sitz einer in Europa einmaligen absoluten Monarchie – noch immer nichts mit Demokratie im Sinn, schmäht Fuldas Oberhirte die Französische Revolution als »Machtübernahme der Gottlosen«[46] und bescheinigt er ihr »ideologischen Völkermord« (ohne die Völkermorde der eigenen Männerkirche – Kreuzzüge, Religionskriege, Indianerausrottung – zu erwähnen), wissen Sie, woran Sie sind. Keine Krähe hackt der anderen ein Auge aus. Es wäre denn auch zuviel verlangt, wenn irgendein Mann anfinge, öffentlich über die geschichtlichen Schandtaten seiner Kirche zu berichten oder aktuelle Mißstände anzuprangern. Brächte er wirklich den Mut dazu auf, würde er schnell von noch höheren Hirtenmännern zurückgepfiffen.

> **Wann hörten Sie letztmals ein Schuldbekenntnis von Bischöfen im Radio? Brachte ein Hirte den Mut auf, beispielsweise die innerkirchliche Verfolgung von Frauen zum Thema zu machen? Kehrte der Papst je vor der eigenen Tür? Mittlerweile scheint es sich auch unter manchen Gläubigen herumgesprochen zu haben, daß die Kirche nicht nur eine heile, glückliche, goldene Vergangenheit aufzuweisen hat. Die aufgedeckten Fakten sind denn auch zu erdrückend. Sie trüben das geschönte Bild, das die Männerlobby von ihrer Organisation zeichnet.**

Gibt es nicht auch Gründe für die Kirche, stolz zu sein? Ist die Vergangenheit dieser Männerorganisation nur mörderisch? Ist alles Kirchliche von vornherein schlecht? Bischöfe betonen, daß die

Ideale des Evangeliums sehr hochgesteckt sind. Sie folgern daraus, niemand dürfe die konkreten Kirchen oder die einzelnen Christen schon deswegen verdammen, weil sie die evangelischen Ideale nicht ganz, nicht halb oder gar nicht realisieren. Sich zu verfehlen sei menschlich, und gerade die Kirche kenne viel »Allzumenschliches«, schlimme, geile, blut- und geldgierige Päpste[47] zum Beispiel, also »allzumännliche« Männer.

Ich finde nicht, daß Kirchenbezahlte von vornherein bessere Menschen sind. Sie haben kein Monopol auf private oder öffentliche Moral. Doch die Theologen fanden ein Schlupfloch aus ihrem Dilemma. Sie fragen: Ist die Kirche nicht »Kirche der Sünder«? Schließt sie nicht seit eh und je fehlende, irrende, sündige Menschen ein – bleibt selbst aber, unter dem Einfluß des Heiligen Geistes, jene »heilige Kirche«, von der die Katechismen berichten?

Doch geht es nie um kleine Verfehlungen, Bagatellen, wie die kirchenbezahlte Theologie suggeriert. Handelte es sich bloß um »Allzumenschliches«, wäre Kirchenkritik inhuman, wenn sie sich auf solche kleinen Fehler und Mängel stürzte. Es geht längst um mehr: Wer die historische Wahrheit ernst nimmt, kommt zu dem Schluß, daß keine andere Organisation auf der Welt zugleich so lange, so fortgesetzt und so schwer mit Verfehlungen belastet ist wie die Kirche der Männer. Diese Ansicht ist erst widerlegt, wenn dem bisher von der Kirchenkritik erbrachten wohlfundierten Material ein ebenso wohlfundiertes Material gegenübergestellt wird, das irgendeine andere Institution der Welt genauso fortgesetzt und genauso schwer belastet. Kirche ist nicht von vornherein ein Synonym für Moral, für Frieden oder für Gerechtigkeit.

An dieser Stelle gehe ich nur auf die Frage nach der »Kirche der Heiligen« ein. Sonntag für Sonntag beten Gläubige im »Credo« nach, was ihnen vorgeschrieben ist: das Bekenntnis zur »einen, heiligen, katholischen und apostolischen« Kirche. Ob die Kirche »eine« ist, wird angesichts der Aufsplitterung der Christen immer fraglicher. Ob sie eine »apostolische« ist, bestreitet die Forschung mit guten Gründen: Was beispielsweise der geschichtliche Petrus mit dem Papsttum zu schaffen hatte, ist nämlich so sicher nicht.[48]

Ob die Kirche »katholisch« ist, kann ebenfalls bestritten werden. Doch wenigstens »heilig« wird sie sein?

Heilige gelten als Vorbilder geglückten Lebens. Ihr Leben soll seine Identität gefunden haben und frei von Entfremdung gewesen sein. Doch haben die Legenden, die in Predigten und Kinderbüchern ihr Leben fristen, mit der Wahrheit wenig zu tun. Nicht alle Heiligen, die der Bevölkerung präsentiert werden, waren nach den Maßstäben des Menschseins tugendhafte oder gar große Menschen. Unter ihnen gibt es leibhaftige Verbrecher, Mörder und Totschläger.[49] Andere wurden inzwischen offiziell als unecht ausgesondert: Christophorus oder Georg zum Beispiel lebten nie, obgleich sie jahrhundertelang als Schutzpatrone herhalten mußten. »Unsaubere« Heilige, darunter Päpste, Bischöfe, Kaiser und Kirchenlehrer, durften vorerst bleiben.

Unbestritten ist, daß es auch unter Christen verehrungswürdige Gestalten gab, deren Leben und Wirken bis in die Gegenwart leuchtet: Franz von Assisi gehört zu ihnen. Unbestritten ist aber auch, daß Menschen gleicher Qualität und Wirksamkeit unter Nichtchristen gefunden werden: Mahatma Gandhi steht keineswegs zurück. Heilige in diesem Sinn sind keine kirchliche Spezialität, und das Christentum hat keinen Vorsprung vor anderen Weltanschauungen. Daß Heilige im übrigen die Ausnahme unter Kirchenchristen bleiben, bedarf keines Hinweises.

Der kirchliche Alltag weist von Anfang an andere Merkmale auf. Die Kirchengeschichte ist bis ins 20. Jahrhundert hinein voll von Mord und Totschlag. Am blutigsten erweist sie sich in jenen unzähligen Fällen, wo Christen sich gegen Andersdenkende wandten. Waren da aber Frauen am Werk? Die Verfolgung von »Ketzern«, die Ausrottung von »Heiden«, die Verbrennung von »Hexen«, die »Inquisition« abweichenden Denkens und Handelns stellen nur die bisher aufgedeckten Höhepunkte christlich-männlichen Wütens dar. Wer weiterfragt und -forscht, wird noch viele alltägliche Beweise finden. Zieht eine Frau aus solchen Untaten die Konsequenz, wird auch ihr Mann sich dem Kirchenaustritt anschließen.

Glaubenssätze bleiben blutige Wahrheiten. Kein einziges Dogma ist unschuldig; jedes kostete Menschenopfer. Vielleicht mußten auch Sie bisher Ihr freies Denken opfern. Haben Sie das nötig? Es wäre fatal, wenn Sie sich mit den amtlichen Versuchen zur Beschwichtigung zufrieden gäben. Daß alles nicht gar so schlimm gewesen sei, ist eine Lüge. Daß gegenwärtig ganz andere Zeiten für die Kirche angebrochen seien, stimmt nicht. Zwar zünden die Inquisitoren keine Scheiterhaufen mehr an, doch ist ihre Kirche nicht verantwortlich für das Verlöschen dieser Feuer: Der Anstoß kam von außen. Und auch wenn die Oberhirten keine Chance mehr sehen, Andersdenkende zu töten, verzichteten sie doch nicht auf ihr jahrhundertealtes Prinzip: Der Irrtum gehört ausgerottet. Denn »was nicht der Wahrheit oder Sittennorm entspricht«, lehrt Pius XII. 1954, »hat kein Recht auf Existenz.«[50]

Darf ein Oberhirte alle Andersdenkenden – die mit der »falschen Wahrheit oder Sittennorm« – deswegen schon diffamieren? Ist die massenmörderische Inquisition, noch 1853 in Rom als »erhebendes Schauspiel sozialer Vollkommenheit« gerühmt[51], nicht tot? Ist die greuliche Meinung aus dem Neuen Testament, andersgläubige Christen seien »vernunftloses Vieh, das seiner Natur entsprechend nur dazu geschaffen ist, gefangen und geschlachtet zu werden« (2 Petr 2, 12), das letzte Wort der Kirche an die Welt? Eine Organisation, die sensibel nur gegen sich selbst, aber unbarmherzig gegen alle ist, die neue Erfahrungen zu äußern wagen, richtet sich selbst.

Bestimmte Gruppen in der Kirche sind noch immer rechtlos. Sie gelten als zweitrangig und werden entsprechend behandelt. Zum Beispiel Eheleute, Ehefrauen zumal, die im Vergleich zu den »Eunuchen um des Himmelreiches willen« in der katholischen Kirche nichts von Belang zu sagen haben und schlicht zur hörenden Kirche gehören. Oder die »Laien«, von denen sich die Kleriker bis auf den heutigen Tag dogmatisch und soziologisch faßbar absondern. Kein Laie, schon gar keine Frau, wird je in die Führungspositionen dieser Kirche aufsteigen; oben sind – nach Gottes heiligem Willen? – nur Kleriker anzutreffen. Diese Männer sagen denen da unten Tag für Tag, was zu tun und zu glauben ist.[52]

Gerade den Frauen wird von den geistlichen Männern der Platz in der eigenen Organisation zugewiesen: ein Opferleben, ein Dienst der Barmherzigkeit, die Liebe, das Bedienen. Der Papst äußerte sich noch 1988 genauso über »Würde und Berufung der Frau«, wie es seit jeher aus dem Vatikan zu hören war: Frauen sind auch Menschen, nur eben andersartig Berufene, zum Gehorsam gegenüber dem Willen der Männer und Väter Verpflichtete, zum Dienen Geborene, zum Gebären und Aufziehen der Kinder Geschaffene, der Caritas Geweihte, von den Führungspositionen der Kirche Ausgeschlossene. Das ist nichts Besonderes, sondern gibt den Männerstandard wieder, wie er für alle patriarchalen Gesellschaften typisch ist. Die Kirche hat einmal mehr keinen Vorsprung. Die neueste Nachricht zum Thema Frau und Kirche[53]: Weibliche Angestellte des Vatikans (es gibt sehr wenige) sind allen Ernstes arbeitsrechtlich verpflichtet, ihre Stelle im Fall ihrer Heirat aufzugeben. Die Vatikanbank entließ denn auch 1992 Frau S. Graziosi wegen ihrer Eheschließung und ließ mitteilen, die gegenwärtige Zölibatsklausel für Frauen im vatikanischen Dienst entspreche der Vertragsfreiheit der Kirche und sei nicht zu beanstanden. Ein Hinweis auf entgegenstehende EG-Verträge oder gar auf die Konvention der UNO zur Gleichbehandlung wurde nicht akzeptiert.

> **Ihr Argument für den Kirchenaustritt als Frau: Sie können gut auf eine Männerkirche (und deren Patriarchengott) verzichten. Das Leben einer Frau ist mit bloßem Für-andere-da-Sein und demütigem Opferbringen keineswegs ausgefüllt. Eine Kirche, die hauptsächlich mit Frauendienst und -opfer argumentiert und nur die entsprechenden Berufschancen bietet, reicht Frauen nicht aus. Es darf schon ein wenig mehr sein: Viele Frauengruppen bieten Alternativen zum bloßen Männerstandard der Kirche.**

Wie lange warten Sie schon darauf, daß die Kirche sich ändert?

Wußten Sie, daß Christen seit eh und je reformierten – und doch nicht viel für die Menschheit, für Arme, Notleidende (und Frauen!) bewirkten? Eine wirksame Reform müßte sich zumindest auf Jesus von Nazareth stützen; dieser aber bleibt ausgesprochen gefährlich für die Kirche.

Besonders nahe geht mir die Hoffnung vieler Menschen, die seit Jahren in der Kirche bleiben, hinter die Kulissen schauen, sich ständig über die Mißstände beklagen – und doch noch auf eine Reform warten. Mir ging es jahrelang genauso. Warum ich nicht schon früher die einzig richtige Folgerung zog? Ich meinte, um die Kirche ändern zu können, müsse ein Mensch »drin« bleiben. Anstöße von außen kämen nie an.

Das ist falsch. Wenn sich die Kirche je änderte, dann aufgrund von Erschütterungen, die von außen kamen. Innerkirchliche Reformen hatten es vergleichsweise schwer: Entweder wurden sie nicht beachtet – oder es gelang den führenden Kreisen, diese Anstöße früher oder später zu »integrieren«, das heißt, für die eigenen Zwecke umzuformen. Franz von Assisi ist ein Musterbeispiel für diese Integration von oben.[54]

Angesichts der Tatsache, daß Jesus aus Nazareth selbst keine Kirche stiftete (darüber später), ist die wichtigste Glaubensgrundlage der Kirchen mißlich. Daher erledigt sich die noch immer so vielverhandelte Frage nach der Kirchenreform eigentlich von selbst. Denn wollte die Kirche – und dies wäre die unerläßliche Bedingung für jede ernstzunehmende Reform – auf Jesus zurückgreifen, müßten ihre Hirten alles aufgeben, woraus sie ihre Kirche formten: Dogmen, Sakramente, Bischofsamt, Papsttum, Ritus, Finanzierung, kurz: das gesamte Service-Unternehmen von heute. *Glauben Sie im Ernst, die Kirchen ließen sich unter diesen Umständen auf den – für sie ausgesprochen unbequemen – Jesus ein?*

Eine jesuanische Reform müßte zudem nicht nur das Großunternehmen Kirche hinwegfegen, sondern auch die menschlichen Verhältnisse umstürzen: vor allem das Patriarchat, die Ausbeutung von Menschen durch Menschen. Allein schon das Gebot der Feindesliebe ließe, auch einmal von Kirchengebundenen beherzigt, eine ganze Welt anders aussehen und handeln. Von Gläubigen kann eine solche Reform, die Revolution nach innen wie nach außen bedeutete, nicht erwartet werden. Von einer »ständig zu reformierenden Kirche« zu sprechen, ist nicht nur eine Banalität, sondern ein ausgemachter Etikettenschwindel »progressiver« Theologen.

Zwar reformierten die Christen stets. Schon die zweite Christengeneration reformierte gegenüber der ersten von Grund auf, indem sie ein völlig neues Jesus-, Gemeinde- und Glaubensbild schuf. Auch die Kirche des vierten Jahrhunderts reformierte in ihrem Sinne: Aus Pazifisten wurden Kriegsgewinnler, aus Christenmenschen privilegierte Kleriker. Männer sorgten schlicht für Männer. Und so ging es weiter. Reformen gab es zur Genüge: merkwürdig, wie oft sie die Interessen der Herrschenden stützten. Frauen aber blieben systematisch von eben dieser Herrschaft ausgeschlossen. Das brauchte, von heute aus gesehen, noch nicht einmal ein Nachteil zu sein: Dadurch wurden Frauen nicht mitschuldig.

Und da kommen noch immer Reformer auf die Menschen zu? Christliche Reformer, die – 2000 Jahre Reform im Rücken und ebenso viele Jahre Mißstände – den heutigen Menschen ihr Heil predigen? Christenherren, die, nach soviel Kampf gegen den »Irrtum«, plötzlich Toleranz und Dialog entdeckten? Die den Ungläubigen, die sie so lange verfolgten, jetzt das Evangelium von der Liebe bringen?

Vertrauen Sie solchen Reformern wirklich? Oder halten Sie sich lieber an jene Mitmenschen, die auf anderen Gebieten des Lebens aufklärerisch und reformierend tätig sind: im Umweltschutz, im Tierschutz, in der medizinischen Forschung, in Menschenrechtsorganisationen? Da Theologen eine Maulkorbexistenz führen und nicht offen sagen dürfen, was sie denken, ziehen befreite

Menschen das Gespräch mit anderen vor. *Sprachen Sie schon einmal über Ihre persönlichen Probleme mit Menschen, die kirchenfrei leben?*
Wer – wie der Kölner Kardinal J. Meisner – Nichtchristen und Ungläubige diffamiert und ihnen allein deswegen Mängel im Menschsein vorwirft[55], weil ihnen die richtige Religion fehle, oder wer – wie Fuldas Oberhirte Dyba – Andersdenkende in eine Reihe mit dem »Verräter Judas« stellt[56], mag seine kirchenpolitischen Gründe haben. Vergleiche von Menschen mit Tieren sind in Kirchenkreisen im übrigen nicht ungewöhnlich; sie finden sich schon in der Frohbotschaft des Neuen Testaments.[57] Wer sich so inhuman äußert, mag sich seines eigenen Vorsprungs an Menschlichkeit gewiß sein – überzeugen kann er die Denkenden nicht.
Ich mag mir gar nicht vorstellen, daß Sie sich solche Denkmuster zu eigen machen. Anderen geht es allerdings nicht wie Ihnen. Denn kein einziger Katholik protestierte gegen diese Diffamierungen Andersdenkender. Offenbar gehört es zum guten Ton, daß Bischöfe Schmutz werfen – und die Herde dazu schweigt. Schafe mucken nur auf, wenn es gegen die Böswilligen da draußen geht, wenn sich »die Kirche« beleidigt fühlt, wenn angeblich »Gott gelästert« wird. Dann rufen sie nach dem Staatsanwalt, zerren vor den Kadi. Die tatsächlichen Verstöße der Ihren nehmen sie hin; allem Anschein nach sind ihre Gewissen besonders sanfte Ruhekissen.

> **Ihr Argument für den Austritt:** In der Kirche mitzuarbeiten, ist eigentlich verlorene Zeit. Sie wissen es selbst: Zweitausend Jahre lang passierte so gut wie nichts Entscheidendes, und auch die Ansätze des Zweiten Vatikanischen Konzils sind mittlerweile begraben. Es gibt Besseres zu tun, als noch mehr Geduld und Engagement ausgerechnet in die Kirchenreform zu investieren. Überall warten Menschen.

Wieviel kann ein Mensch überhaupt schlucken?

Wußten Sie, daß sich die Kirche Jahr für Jahr von den Bundesländern für die Säkularisation eines Teils ihres immensen
Grundbesitzes (im Jahr 1803!) mit Millionensummen entschädigen läßt, selbst jedoch kein einziges ihrer vielen menschlichen Opfer (und deren Hinterbliebene oder Nachfahren) ent-
schädigte?

Die menschliche Aufnahmefähigkeit scheint fast unbegrenzt zu
sein. Ich wundere mich nicht, wie wenig die meisten Gläubigen
über Geschichte und Gegenwart ihrer Kirche wissen. Ich wundere
mich, wie seelenruhig jene vielen, die bereits wissen, zur Tagesordnung übergehen, ohne sich aufzuregen. Vielleicht muß ein
Mensch ein besonderes Gewissen haben, um auf Dauer in der
Kirche bleiben zu können. Immerhin meinte Friedrich Nietzsche
in seinem »Antichrist«, niemandem stünde es frei, Christ zu werden. Denn zum Christentum werde kein Mensch bekehrt: »man
muß krank genug dazu sein.«[58]
Es ist ja nun nicht so, als könnten sich die Gläubigen heute nicht
alle Informationen besorgen, die sie brauchen. Sie sind beileibe
nicht mehr auf ihre Bistumszeitungen angewiesen, um zu erfahren, was in der Welt – und in der Kirche! – vorgeht. Die Kirchen-
presse, von dem Theologen R. Schermann der chronischen Un-
wahrhaftigkeit verdächtigt[59], ist nicht die einzige Quelle – und
schon gar nicht die sauberste –, aus der Informationen zu schöpfen sind.
*Lesen Sie denn noch die Kirchenzeitung? Haben sie wirklich ein Bistums-
blatt abonniert?* Wer in eines der noch existierenden Kirchenblätt-
chen schaut, sieht sich in eine unwirkliche Welt versetzt – so um-
geschrieben, umgedeutet sind da die Fakten. Da wird ausgeschmückt, was der Kirche nützt, und weggelassen, was ihr zu nahe
treten könnte. Da wird Kleines großgedruckt (wenn es nur richtig
klerikal ist) und Großes kleingeschrieben (weil es nicht in den

Kram paßt). Diese Meldungen aus Krähwinkel gehen an den meisten Menschen vorbei, ohne irgendwelche Spuren zu hinterlassen. Doch bedarf es schon besonderer Demut, sich überhaupt noch so »objektiv« informieren zu lassen.

Wie kirchlich gelenkte Medien beispielsweise die Geschichte der Organisation geschrieben, kommentiert, dementiert hätten? Petrus stellte sofort nach seiner Berufung zum Papst Verkehr und Umgang mit seiner Frau ein: Der Zölibat ist nämlich eine »apostolische Weisung« von Anbeginn[60] und wird überall hundertprozentig eingehalten. Bischof Judas Iskariot verriet nie den Herrn, weil Kirchenfürsten prinzipiell zur Treue neigen. Papst Petrus verleugnete seinen Meister, entgegen tendenziösen Meldungen von kirchenkritischer Seite, keinen Augenblick. Der Gottessohn rief nie »Mein Gott, warum hast du mich verlassen?«, schon gar nicht in der Todesstunde: ein böses Gerücht, von Kirchenfeinden ausgestreut. Die Evangelisten waren ausnahmslos Augenzeugen des biblischen Geschehens; sie schrieben jedes Wort Jesu augenblicklich nieder, erfanden nichts dazu und ließen nichts weg. Kein Hirte verließ je seine Herde, keiner führte einen Krieg gegen einen anderen, keiner verschob Geld, fälschte Dokumente, zeugte Kinder. Im übrigen arbeiten alle Kirchenfürsten um Gotteslohn.

Doch gibt es Menschen, die nicht gar so leichtfertig mit der Wahrheit umgehen möchten. Sie sagen sich, innerkirchlich könne ja geschoben und verdrängt werden. Komme jedoch der konkrete Mensch ins Spiel, höre dieser geistliche Spaß auf. In der Tat bleibt einem das Lachen über drollige Kirchentypen im Hals stecken, sobald man Einzelheiten aus dem kirchlichen Heilsgeschehen erfährt und beispielsweise nachzurechnen beginnt, wieviele Menschen einer Ideologie geopfert wurden.

Eine Bitte: Schauen Sie sich auch einmal in Ihrer Umgebung um und wagen Sie ein Gespräch mit den »Verstoßenen« von nebenan, um sich ein eigenes Urteil zu bilden. Sprechen Sie mit Mitmenschen, die schlimme persönliche Erfahrungen mit der Kirche machten: mit Geschiedenen und Wiederverheirateten, mit fallengelassenen Geliebten von Pfarrern (gar nicht so selten!), mit

Frauen, die sich wegen einer ungewollten Schwangerschaft von Kirchenleuten beraten ließen...

Pfarrer und andere Kirchendiener besitzen kein Monopol auf Nächstenliebe. Das scheint schon Jesus gewußt zu haben. Er erzählte nicht ohne Grund das zeitlose Gleichnis von dem Mann, der unter die Räuber fiel – und dem weder der Priester noch der Levit, sondern der andersgläubige, »kirchenfreie« Samariter half (Lk 10, 30 ff.). Manche Oberhirten vollstreckten die Blutrache mit eigener Hand. Andere »schonten oft weder Frauen noch Mädchen, mordeten Greise und Kinder..., stachen ihren Gegnern die Augen aus, wie 1368 der Abt der Reichenau jedem Konstanzer, der in seine Hand fiel. Sie knüpften alle ihre Gefangenen auf, wie 1379 Bischof Dietrich von Osnabrück. Sie ließen Aufständische fußfällig um Gnade bitten und dann doch schockweise köpfen, wie 1415 der Bischof von Lüttich...«[61]

Zur Erinnerung noch ein paar Fakten aus der bisherigen Tätigkeit von Christen (Christinnen waren nicht beteiligt):

- 4500 an einem einzigen Tag[62] aus Anlaß der Christianisierung der Sachsen Hingerichtete (im Jahr 782),
- 5000 Tote infolge eines Kreuzzugs des Bremer Erzbischofs gegen die Stedinger Bauern, die ihm den Kirchenzehnten nicht zahlen können[63],
- fast 70 000 erschlagene Sarazenen[64] bei der Einnahme Jerusalems an einem Freitag im Sommer 1099,
- über 10 000 Menschen auf die Scheiterhaufen und über 97 000 auf die Galeeren geschickt: von einem einzigen Großinquisitor[65],
- mindestens vier Millionen aus Anlaß der Bekehrung der »Indianer« ermordete Männer, Frauen und Kinder (16. Jahrhundert),
- 20 000 in einer einzigen Nacht des Jahres 1572 niedergemachte Hugenotten (Gregor XIII. feierte die Mordtaten durch öffentliche Lustbarkeiten[66]),
- mindestens 200 000 Tote aus Anlaß der Hexenjagden im 17. Jahrhundert[67],
- Dutzende von Todesurteilen und 2000 politische Gefangene als Hinterlassenschaft Papst Gregors XVI. († 1846)[68],

- 70 Tote aus Anlaß der Verteidigung des Kirchenstaats durch päpstliche Soldaten (1870)[69], die Papst Pius IX. persönlich befohlen hatte (seine Seligsprechung wird vorbereitet[70]),
- 180 000 Tote innerhalb von sechs Wochen (1941) in den Greueln katholisch-faschistischer Kroaten.[71]

Sind diese Toten etwa keines Gedächtnisses wert? Sollen wir sie der Kirche einfach »schenken«? Es ist schon ein Zeichen besonderer Herzenskälte, wenn solche Zahlen von klerikalen Geschichtsschreibern ähnlich bestritten werden wie die Auschwitz-Morde von anderen...

Vielleicht überfordern uns die ganz großen Verbrechen und Zahlen. Nur von Hunderttausenden Toten zu hören, die verfolgten Hexen nach Zehntausenden zu zählen, die um des wahren Glaubens willen niedergemachten Menschen oder die infolge der Mission Getöteten in Millionen zu berechnen, übersteigt die Aufnahmefähigkeit und -bereitschaft vieler. Aber sie bleiben ungesühnte Opfer der Kirche.

Wer konkrete Anhaltspunkte sucht, um sich mit einigen im Namen der Kirche von Glaubenshorden Ermordeten identifizieren zu können, sei auf die lokale oder regionale Geschichte verwiesen: Fast jede Gemeinde verfügt über eine Chronik, und manche beginnen inzwischen, auch die dunklen Kapitel der Stadtgeschichte nicht mehr auszusparen. Suchen Sie, wenn Ihnen daran liegt, in diesen Chroniken und lassen Sie sich davon überzeugen, wieviele Menschen in Ihrer Heimat dem kirchlichen Verfolgungswahn zum Opfer fielen.

Sie finden wenig bessere Einstiegspunkte, um sich über die Traditionen und Konsequenzen Ihres Kirchenglaubens klar zu werden. Sie können, wenn Sie nicht in ein Archiv gehen wollen, auch einfach einen Stadtplan zur Hand nehmen. Überprüfen Sie einmal anhand dieses Plans oder eines Spaziergangs, vor allem wenn Sie in einer Stadt wohnen, die sich heute »Bischofsstadt« nennt, wieviele Straßen und Plätze nach geweihten Verbrechern benannt sind – und ob es überhaupt ein Gäßchen gibt, das den Namen auch nur eines der vielen Opfer trägt.[72] Bei Denkmälern dasselbe Bild: Herren und Hirten allüberall, und kein Opfer wird geehrt. An die Blutopfer der eigenen Institution wird kein Kirchenvertreter gern erinnert. Kein Wunder, daß Papst Johannes Paul II. bei seinen Besuchen in Lateinamerika die Opfer nicht nur verschweigt, sondern Täter, etwa einen der vielen Prediger »mit Eisen und Schwert«, zur Ehre der Altäre erhebt.[73] Doch die Verdrängung der eigenen Schuld ist keine päpstliche Spezialität. Die deutschen Bischöfe springen ihrem Chef bei, wenn sie in ihrem Aufruf zur Fastenaktion Misereor 1992 – im »Kolumbus-Jahr«! – erklären: »Der Heilige Vater hat sich für die Menschenwürde eingesetzt und die Menschenrechtsverletzungen angeprangert. Der Papst hat zum Sieg über Armut und Elend, Krankheit und Analphabetismus aufgerufen, ungerechte Besitzverhältnisse und Ausbeutung der Menschen beim Namen genannt.«[74]

Tat er dies? Oder schonte er jene lateinamerikanischen Machthaber, die der Kirche nahestehen? Nahm er nicht ausnahmslos seine eigene Kirche von der Schuld an Menschenrechtsverletzungen aus? Nannte er je seine Organisation, als es um die Ausbeutung der Menschen auf diesem Kontinent ging? Als die Frage hätte behandelt werden müssen, wer denn seit 500 Jahren da drüben zu den reichen und ausbeuterischen Institutionen zählt? Nannte er da Namen – von Bischöfen, Missionaren, katholischen Raubzüglern und Kriegsgewinnlern?

Denken Sie sonntags, wenn Ihnen Hirtenworte verlesen werden, auch einmal an das, was Ihnen bewußt verschwiegen wird? Die Kirche in der Bundesrepublik klagt zwar bei passender Gelegenheit darüber, vor fast zweihundert Jahren seien Kirchengüter »geraubt« worden und daher fordere sie Entschädigung, doch nie dachte sie daran, auch nur ein einziges ihrer eigenen Opfer zu entschädigen.[75] Von einem Fonds aus Kirchenmitteln, der zu diesem Zweck errichtet würde, ist sowenig die Rede wie von der Pflicht, auf Kirchenkosten Denkmäler für die Opfer (Heiden, Ketzer, Hexen) zu errichten. *Suchen Sie Beispiele für kirchliche Verdrängung, schauen Sie sich in Ihrer Heimat um!*

Ein Grund zur Hoffnung: Nicht alle Menschen verfügen über ein kirchlich geweitetes Gewissen. Nicht alle ertragen solche Lügen und Morde. Nicht alle argumentieren, um des hohen Zieles willen müßten solche Mängel hingenommen werden. Nicht alle lassen sich ihre Scham abhandeln. Wie lange wird es noch dauern, bis die Aufnahmefähigkeit erschöpft ist? Wieviele Tote müssen es denn noch sein? Wann setzt bei manchen das Gewissen ein? Bei zehn Morden, bei hundert, bei ein paar Hunderttausenden? Für jede einzelne Zahlenangabe gibt es, wie gesagt, Beweise gegen die Kirche!

Zwar wird es noch dauern, bis es als Schande gilt, sich öffentlich zur Kirche zu bekennen. Solange wird es beispielsweise noch als christlich gelten, die Millionen Toten zu ignorieren, die auf dem Gewissen der Kirche lasten. Vielleicht muß noch mehr passieren, bis sich alle dafür entscheiden, die Geschichte des Grauens abzubrechen, um freie Menschen zu werden. Doch ist die nachkirchliche Zeit schon da.

Mochten die Menschen früherer Epochen zu verängstigt gewesen sein, um sich wirksam gegen die Methoden der Kirchen zur Wehr zu setzen, weicht diese Angst zusehends. Immer häufiger erkennen die Zeitgenossen, wieviel Doppelmoral sich gerade bei jenen findet, die sich »Lehrer der Welt«, »Salz der Erde«[76] oder »moralischer Fels einer prinzipienlos gewordenen Welt«[77] nennen lassen. Mag auch das Gedächtnis der Menschen kurz sein, ganz so unbedarft, wie Kirchenvertreter dies gern hätten, sind schon heute nicht mehr alle.

Es fällt vielen auf, daß beim gegenwärtigen Papst die linke Hand offensichtlich nicht weiß, was die rechte gerade tut. Für diese unter »normalen« Menschen als doppelbödig geltende Haltung gibt es Beweise. Ich nenne einige.

Johannes Paul II. predigt 1978, er sei sich, als Bischof von Rom, »sehr wohl darüber im klaren, was Evangelisierung und Seelsorge in einer Stadt bedeuten, deren historisches Zentrum reich ist an Kirchen, die niemand mehr besucht, während gleichzeitig neue Siedlungen und Stadtteile entstehen, für die man, oft unter Kämpfen, dafür sorgen muß, damit sie neue Kirchen, neue Pfarreien und die anderen Grundvoraussetzungen für die Verkündigung des Evangeliums erhalten«[78]. Gleichzeitig trennt er sich nicht von dem stark kompromittierten und staatsanwaltlich überführten Kardinal Poletti[79], sondern bestätigt diesen als verantwortlichen Hirten für Rom.

Vor der Amerikanischen Bischofskonferenz sagt der Papst über das Bischofsamt: »Das Vatikanische Konzil betont die Rolle des Bischofs bei der Verkündigung der vollen Wahrheit des Evangeliums und der Proklamation des unverkürzten Geheimnisses Christi:... Ich bin sicher, daß meine und eure Nachfolger diese Forderung vertreten werden, bis Christus wiederkommt in Herrlichkeit.«[80] Als Johannes Paul II. dies predigt, denkt er vielleicht daran, daß er gerade 50000 Dollar Schwarzgeld aus dem Geheimfonds des schwer angeschlagenen Kardinals Cody einstecken durfte.[81]

Im Juni 1984 spricht Wojtyla in der Schweiz über Ethik im Bankwesen und meint,»auch die Welt der Hochfinanz ist eine Menschenwelt, unsere Welt, und muß sich daher an unseren moralischen Maßstäben messen lassen«.[82] Während dieser Papst so zum Fenster hinaus predigt, gewährt er einer Reihe mutmaßlicher Großbetrüger, durchweg Manager der päpstlichen Hochfinanz, Unterschlupf.[83]

»Die Welt muß wissen, daß Afrika in Armut versinkt«, stellt der Papst im Januar 1990 fest. Wer sein Herz vor solchem Elend verschließe, mache sich der »brudermörderischen Verelendung« schuldig. Im September desselben Jahres nimmt der Papst den Protzbau einer Riesenbasilika nebst einem Park (dreimal so groß wie der Vatikan) zum Geschenk an.[84] Das ist ein bleibender Makel und eine historische Schande für die Regierung des Karol Wojtyla. Für den Petersdomverschnitt (Elfenbeinküste) wurden nämlich allein 7800 Quadratmeter an Glasfenstern verbraucht. 120000 Quadratmeter italienischer Marmor mußten für eine Prachtstraße zum Dom an den Rand der Sahelzone verschifft werden, und ein Palast mit 20 Luxuszimmern wurde errichtet, um Wojtyla nebst Gefolge für eine einzige Nacht unterzubringen. Fast 1900 Scheinwerfer zu 1100 Watt strahlen den afrikanischen Dom an; neun von zehn Familien verfügen in diesem Land nicht über Strom. Wer Beispiele für die brudermörderische Verelendung sucht, braucht nicht lange zu suchen: Der Prediger Johannes Paul II. liefert sie gleich mit.

Lassen Sie sich ruhig einmal von einem Kirchgänger die Doppelmoral des Papstes erklären!

Ein anderes Beispiel für Fensterpredigten? Die Päpste überschlagen sich seit hundert Jahren geradezu, wenn es darum geht, die »soziale Frage« zu lösen (die ihnen eigentlich nie gestellt wurde). Auf dem Terrain, wo sie selbst schalten und walten können, wie es ihnen beliebt, nehmen sie – ebenso wie ihre Bischöfe – sehr wenig Rücksicht auf die Rechte von Arbeitnehmerinnen und Arbeitnehmern. Wer im Kirchendienst steht, lebt denn auch nicht ungefährlich: Meinungsfreiheit ist beispielsweise ebensowenig gefragt wie Tariffreiheit (darüber später).[85] Es ist eben etwas anderes, ob sich ein Bischof oder Papst an andere wendet oder gar die ganze Welt vor seine Schranken fordert – oder ob er sich selbst an seine Mahnungen hält.

Während Kirchenfürsten ständig unerbetene Ratschläge erteilen, wie es andere zu machen haben, nehmen sie sich selbst von diesen Ratschlägen aus. Gerade wenn die Schalmeien blasen und der Papst von »Dialog« oder »Versöhnung« oder »Frieden« und »Liebe« spricht, ist Vorsicht geboten. Glauben Sie bitte nicht alles, was Sie aus dem Vatikan zu hören bekommen! Prüfen Sie in jedem einzelnen Fall, ob den großen Worten zumindest kleine Taten folgen! Bewegte sich der Papst auf die »getrennten Brüder« zu?[86] Kam die »Ökumene« unter Wojtyla voran? Linderte er die tatsächliche Not der Armen, verschenkte er Wesentliches oder speiste er mit Almosen ab? Wie benahm er sich den Priestern seiner eigenen Kirche gegenüber, die sich »laisieren« lassen wollten? Tat er etwas für sie – oder stoppte er nicht alle Anträge?

Im übrigen halten Papst und Bischöfe unverrückt an ihren bisherigen Lehrsystemen fest, ohne sich einen Deut darum zu scheren, wieviel Unheil das klerikale Recht und die kirchliche Moral bereits über die Menschen brachten: »Aber bei der Kirche denkt man nicht. Ein Bischof sagt als Achtzigjähriger noch genau dasselbe, was ihm eingeflößt wurde, als er achtzehn war, und infolgedessen sieht er immer durchaus entzückend aus.« (Oscar Wilde[87])

Nicht jeder verfügt über das weite Gewissen eines Bischofs. Nachgewiesen sind die Verbrechen gegen die Menschlichkeit, die geschahen, um bestimmte Dogmen (Primat des Papstes, »Unfehlbarkeit«[88]) oder Rechtssätze (Pflichtzölibat[89]) gegen die Gläubigen durchzusetzen. Unter uns ist weitere Unterdrückung des Denkens (Meinungsfreiheit, Informationsfreiheit) oder des freien Handelns (Geburtenkontrolle) an der Tagesordnung. Immer berufen sich die Oberhirten auf ein vermeintlich höheres Wissen oder Wollen. Gerade dieses ist nicht bewiesen. Sichtbare und überprüfbare Beweise liegen dagegen für die mörderischen Konsequenzen der oberhirtlichen Zielvorgaben vor.

Ihr Argument für den Kirchenaustritt: Aus der Feststellung, Dogma, Recht und Moral der Kirche seien unmenschlich, können Sie für sich selbst folgern, daß niemand sie noch länger ernst nehmen muß. Doch löst die stille Verweigerung nicht das Problem. Redlicher, Sie ziehen früher oder später Ihre Konsequenzen. *Die unzähligen Menschenopfer, die die Jagd der Kirche nach Besitz und Einfluß forderte, dürfen uns nicht ruhen lassen.*

Wissen Sie, welche Unmengen
Sie glauben sollen und wieviel Sie das kostet?

Vielleicht gäbe es wesentlich weniger Gläubige auf der Welt, wenn die Kirchgänger die Geschichte ihres Glaubens so perfekt kennen würden, wie sie ihr »Glaubensbekenntnis« Sonntag für Sonntag beten.[1] Vielleicht. Denn allzu viele sind noch immer Mitglied einer Kirche, obwohl sie die zwei Jahrtausende christlicher Geschichte bereits kennen!

Alles ist menschlich für sie, »verständlich«, auch entschuldbar, zumindest erklärbar. Im übrigen differenzieren sie behend: Mochte auch die Kirchengeschichte dunkle Flecken aufweisen (beispielsweise in der Renaissance, aber das ist auch schon alles), der »Kern des Christentums«, der GLAUBE, gilt ihnen als unantastbar.

Den Zusammenhang zwischen Glauben und Töten sehen sie nicht. Sie wollen nichts davon wissen, daß jede Wahrheit, die auf sich hält, notwendigerweise den Irrtum haßt – und sich die in der Theorie festgehaltene Unterscheidung zwischen Irrtum und irrenden Menschen praktisch nie durchhalten ließ. Sie lassen nicht gern von ihren Glaubensgründen.

Werden Argumente gegen diesen Glauben vorgebracht, und dies sind nicht eben wenige, sprechen Christen von Rationalismus, von bloßer Vernünftelei, von Teilaspekten. Dann ziehen sie sich auf das weite Feld des Irrationalen zurück.[2] Denn blind glauben sie am leichtesten.

Wer nicht aus bloßer Opportunität glaubt, weil Christsein in der Bundesrepublik immer noch ein paar parteipolitische oder wirtschaftliche Vorteile mehr bringt als die offen bekannte Kirchenfreiheit, glaubt an einen »Halt«. Den braucht er offenbar. Ihn gibt er nicht auf, und sei er der schlechteste. Der Glaube solcher Leute reduziert sich auf ein psychologisches Problem.

Freilich gibt es auch andere Menschen – hoffentlich gehören Sie dazu! Dann sind Sie weder feige noch töricht genug, dauernd irgendwelche Absurditäten zu schlucken. Dann lassen Sie es nicht mehr zu, daß Theologen aus barem Unsinn Sinn erwirtschaften. Dann lieben Sie ein redliches Denken und Fühlen, das beide Seiten zu Wort kommen läßt und abwägt. Warum also nicht den GLAUBEN und seine geistigen wie finanziellen Konsequenzen erforschen? Erfuhren Sie darüber mehr als bisher, können Sie sich in aller Ruhe entscheiden.

Niemand drängt Sie zu irgendeinem Bekenntnis. Das steht mir nicht zu. Allerdings meine ich, auch die Kirchen dürften Sie nicht nötigen. Oder sind die trüben Zeiten der »Mission« nicht endgültig vorbei? Jedenfalls ist der Bekenntniszwang, dem Sie sich hin und wieder aussetzen müssen, wenn Sie mit Kirchenleuten zu tun haben, durch nichts gerechtfertigt. Sagen Pfarrer das Gegenteil, können sie sich nur auf ihre eigene Lehrgewalt berufen – und auf nichts sonst. Kein Oberhirt ist durch jemand anderen als sich selbst legitimiert, Glauben oder Kirchenmitgliedschaft zu verlangen.

Im Gegensatz zu den Predigten, die in den Kirchen ständig auf Sie herniedergehen, um Sie im Pferch zu halten, will diese Information ohne Denkverbot Sie nicht »herumkriegen«. Ich gebe nur zu bedenken, lade ein. Da ich im Unterschied zu den Vertretern der Kirchen kein persönliches – und schon gar kein finanzielles – Interesse daran habe, Sie zu vereinnahmen, bleibe ich ebenso frei wie Sie. Ich meine, dies sei eine ehrliche Ausgangsbasis.

Fiel denn der ganze Glaube vom Himmel?

> **Wußten Sie, daß Jesus überhaupt keine Kirche stiftete und auch kein einziges schriftliches Zeugnis hinterließ?** Vielmehr wurden die Texte des Neuen Testaments über Jesus ausnahmslos von Leuten niedergeschrieben, die zwar keine Augenzeugen waren, aber starke Interessen vertraten und entsprechend fälschten. Die »Kirche« selbst ist denn auch eine Zweckgründung des Paulus.

Hört man manche Prediger und glaubt ihnen aufs Wort, könnte man fast glauben, irgendein Engel habe uns armen Menschen die Botschaft gebracht und wir könnten gar nicht anders, als diese »Offenbarung« in all ihren Details gläubig anzunehmen, um nicht auf ewig bestraft zu werden.

Was ihnen zugemutet wurde, als sie noch Kleinkinder waren, ließen viele Erwachsene nicht hinter sich: Irgendwann brachte jemand (Gott? Jesus aus Nazareth?) den Glauben zu den Menschen auf die Erde. Und künftig gab es keine andere Wahl mehr als diese: den wohlverpackten und mundgerecht geformten Glauben als Ganzes willig anzunehmen und peinlich auf seine Befolgung zu achten, damit nur ja der liebe Gott nicht böse wird. Geschenke werden nämlich nicht diskutiert.

Wäre es so einfach, könnten Sie sich mit dem simpelsten Erklärungsmodell zufrieden geben. Aber es ist eben ganz anders. Zum einen sagte »Gott« selbst überhaupt nichts. Er schweigt seit eh und je. Sein »Sohn« hingegen sprach, doch was er genau sagte, weiß eigentlich auch niemand so recht. Was die Bibel als seine Worte überliefert, ist – das mag manchen schlimm vorkommen – von anderen niedergeschrieben. Kein einziger Evangelist war Augenzeuge. Alle miteinander schrieben sie erst, nachdem der historische Jesus tot war.

Ob Jesus überhaupt lebte, ist weder sicher zu beweisen noch sicher zu bestreiten. Für beide Annahmen sprechen Gründe. Es ist möglich, daß er lebte; vielleicht ist dies sogar wahrscheinlicher als das Gegenteil[3]; doch ist auch dieses nicht auszuschließen. Jedenfalls schweigt die damalige Geschichtsschreibung. Das nichtchristliche 1. Jahrhundert – »sein« Jahrhundert – ignoriert ihn. Kein einziger Historiker (obgleich viele von ihnen ausführlich über die damalige Zeit und Region schrieben) nimmt von ihm Notiz, weder in Rom noch in Griechenland noch in Palästina.[4] Auch die 1947 entdeckten Schriften der »Essener« (Qumran am Toten Meer), die zur Zeit Jesu entstanden und die in unmittelbarer Nähe seines Wirkens verfaßt wurden, erwähnen keinen Jesus aus Nazareth. Vielleicht ist es viel mehr, als wir heute schon ahnen, reine »Verschlußsache«.

Seine Existenz vorausgesetzt, war Jesus allerdings nicht Christ, sondern Jude. Er propagiert eine Mission unter Juden, er ist stark von jüdischer Geistigkeit beeinflußt – und er glaubt daran, daß das Gottesreich bald komme. Ob dieses jesuanische Reich freilich das sein sollte, das uns die – mittlerweile gereinigten – Evangelien präsentieren, bleibt fraglich. Jesus predigte das unmittelbar bevorstehende Weltenende. In diesem Zentrum seiner Predigt täuschte er sich vollständig.[5] Das gilt als die sicherste Erkenntnis der gesamten neuzeitlichen historisch-kritischen Theologie.

Nicht um des Wahren willen, das Jesus predigte, sondern wegen einer Vorhersage, in der er sich irrte, konnte dieser Mensch zum Bezugspunkt einer Religion (mit Dogma, Moral und Kult) gemacht werden. Der uninformierte Christ aber hält das Christentum für etwas, das es nie war: für die »Lehre Jesu«.[6]

Es ist richtig, daß die Evangelisten keinerlei Interesse an geschichtlichen Fakten hatten.[7] Nur müßten die Kirchen von heute dies auch den Ihren sagen und nicht blind glauben lassen, was historisch nicht stimmt. Richtig ist auch, daß alle Evangelien missionieren wollen: Sie richten ihre Verkündigung (Froh- oder Drohbotschaft?) an die bereits Gläubigen, um sie zu stützen, oder – als Aufmunterung – an jene, die zum Glauben bekehrt werden sollen. Mit Jesus selbst haben sie herzlich wenig zu tun.

Wäre das Weltenende wirklich so schnell eingetroffen, wie Jesus das gemeint hatte, wäre keine »Kirche« notwendig geworden.[8] Nur Jesu Irrtum brachte diese. Eine Selbsttäuschung ermöglichte es, daß machtinteressierte Kreise sich seiner Person bemächtigen und eine Täuschung größten Ausmaßes inszenieren konnten: Daher kam nicht Jesu Gottesreich, sondern die Kirche. Zwischen beiden klaffen Abgründe, und jeder Versuch scheitert kläglich, Brücken von Jesus zu »Christus«, vom »Reich Gottes« zur »Kirche« zu bauen.

Ob Jesu Botschaft und sein Handeln wenigstens Motive setzten, die »legitimerweise zur kirchlichen Gemeinschaft« führten[9], bleibt fraglich. Wer den erreichten Zustand rechtfertigen möchte, indem er auf den Anfang zurückblickt und nach Bekanntem sucht, muß etwas finden... *Theologen, die nicht einmal sicher wissen, was Jesus wirklich sagte, handeln unredlich, wenn sie herausfiltern, was er bloß gemeint haben könnte.*

Glaubenssätze sind »wahr«, wenn ihre Unwahrheit erst nach relativ langer Zeit festgestellt werden kann. Die wesentlichen Tatsachen über Jesus und die Kirche wurden den Menschen erst nach vielen Jahrhunderten im Verlauf neuzeitlicher Forschung einsichtiger; bis in unser Jahrhundert hinein versuchte denn auch die katholische Kirche, die für sie ausgesprochen gefährlichen Wahrheiten mit Macht zu unterbinden. Jesus von Nazareth mußte rekonstruiert werden, damit er zu dem paßte, was heute »seine Kirche« genannt wird. Kein Wunder, daß er kein lebendiges Wesen mehr ist, sondern eine Kunstfigur, die sich ein an bestimmten Aussagen interessierter Kirchenglaube hält.

Entsprechend ungeschichtlich ist alles, was sich auf sein Leben und Sterben bezieht und in den Evangelien berichtet oder in den Dogmen der Kirche ausgesagt wird[10]: Geburtstag, Geburtsjahr und Geburtsort stimmen nicht. Jesus ist nicht das Kind einer Jungfrau; er entstammt der Ehe zwischen einer Frau namens Maria und einem Mann mit Namen Joseph (er selbst sagt übrigens nicht ein einziges Mal etwas anderes). Die Geschichte vom Kindermord des Königs Herodes ist ebenso eine Legende wie die Erzählung von der Flucht der Zimmermannsfamilie nach Ägypten. Daß Jesus unverheiratet war, ist kaum historisch. Daß die über ihn berichteten Wundererzählungen fromme Ausschmückungen eines antiken Helden-Bildes darstellen, steht außer Zweifel. Jesus hat keinen Zwölferkreis von Jüngern und Aposteln ausgewählt, nie den Anspruch erhoben, der Messias der Juden zu sein, nie sich als Gottessohn bezeichnet. Das Gebot der Feindesliebe, mittlerweile als edelste Forderung des Christentums präsentiert, findet sich in den Urtexten des Neuen Testaments nicht (wohl aber, rigoroser, schon bei Platon[11]). Andere Aussagen der Christen sind, wie bereits der Kritiker Celsus im 2. Jahrhundert anmerkte[12], »besser bei den Griechen ausgedrückt und ohne hochfahrendes Wesen und Ankündigungen, wie wenn sie von Gott oder dem Sohne Gottes kämen«.

Jesus war alles andere als ein Theologe.[13] Er kannte kein Glaubenssystem, setzte kein Sakrament selbst ein; getauft hat er überhaupt nicht, und das »Abendmahl« nahm er wohl ein, begründete aber keineswegs eine eigene Eucharistiefeier.[14] Die ihm zugeschriebene Leidensgeschichte ist legendarisch ausgeschmückt und trug sich nicht so zu, wie die Evangelisten sie vortragen. Es gab keinen aufsehenerregenden Prozeß Jesu, wahrscheinlich auch keine Verhandlung vor dem Hohen Rat. Eine absurde Behauptung, Jesus habe seinen Kreuzestod freiwillig auf sich genommen; Todessehnsucht ist dem jüdischen Denken völlig fremd.

Nicht ein einziges Wort Jesu wurde direkt aufgezeichnet. Was er gesagt und getan hatte, kursierte in Erzählungen, und nach seinem Tod waren nur Einzelstücke im Umlauf, Sprüche, Spruchgruppen, Gleichnisse, Kleingeschichten. Wann Jesus was gesagt, wie er es genau gemeint hatte, war zu diesem Zeitpunkt nicht mehr sicher. Da weder das Wann, noch das Wo, noch das Wie festgehalten werden konnte, durften die Evangelisten (kein einziger war ein Jünger Jesu!) Stück um Stück und Wort um Wort glätten, umgruppieren, ergänzen. Der Erfindung waren Tür und Tor geöffnet. Wunder wurden hinzugedichtet, passende »Herrenworte« desgleichen, Orts- und Zeitangaben stimmen historisch nicht. Die »Heilige Schrift« ist daher ein bereits beträchtlich über Jesus hinausentwickeltes, aus gläubigem Interesse entstandenes Produkt, eine Sammlung von zielgerichteten Erbauungs- und Missionsschriften, wie sie der damaligen Gemeinde nützlich erschien. Die schönen Worte, die sich beispielsweise im Johannes-

Evangelium – einer »freien Dichtung«[15] – finden, klingen zwar für geschulte Ohren noch heute bedeutend, doch stammen sie nicht von Jesus selbst.

Von oben fiel der Glaubensschatz bestimmt nicht. Er ist höchst irdisch. Um so verständlicher, daß sich unter den besonderen Umständen, unter denen die Evangelien entstanden (und gegen andere durchgesetzt werden mußten!), nicht nur (Abschreibe-) Fehler einschlichen, sondern auch Widersprüche und Unwahrheiten. Schon von den Schriften des sogenannten Neuen Testaments ist die Hälfte schlicht unecht, das heißt, entweder ganz gefälscht oder unter einem falschen Verfassernamen eingeschleust. Dieser Umstand hinderte die Päpste freilich nicht daran, eine bestimmte Schriftensammlung zum Originaltext zu erklären, der – Widersprüche und Ungereimtheiten in den Evangelien selbst[16] und 250 000 Lesarten hin oder her – vom Heiligen Geist selbst inspiriert sein soll.[17] *Was falsch ist und was nicht, was gefälscht und untergeschoben ist oder nicht, bestimmen nicht Sie, sondern die Kleriker! Wo kämen die sonst hin, wollten sie die wissenschaftliche Vernunft oder gar »einfache Gläubige« über den GLAUBEN urteilen lassen!* Wer ein ausgeprägtes Interesse daran hatte, aus Jesu Nicht-Handeln und Nicht-Reden etwas zu machen und aus dem »Nicht, Nie und Nein« eine eigene Kirchenorganisation zu formen, war ein anderer Mensch: Paulus, selbst kein Urapostel, kein Augenzeuge, doch ebenso stark im Spekulieren wie im Organisieren. Er konnte (wie die auf ihn zurückgehende Kirche später) ganz aus dem Leeren schöpfen. Taufbefehl[18] und Missionsbefehl sind ausschließlich sein Werk, die Lehre von der Erbsünde ebenso, auch die von der Erlösung[19] oder die von der Eucharistie[20]. Jesus selbst blieb für Paulus »unbegreiflich«[21].

Da Jesus selbst weder taufte noch die Taufe vorschrieb[22], ist es um so verdächtiger, daß die Kirchen noch immer Millionen Säuglinge zwangstaufen und damit ihren Nachwuchs sichern. Denken Sie bitte auch daran, wenn Sie sich über Ihre Kirchensteuerpflicht als getaufter Mensch wundern! Oder wenn Sie sich fragen, ob und von wem Sie Ihr Kind taufen lassen sollen![23]

Nachdem »der Herr« partout nicht wiederkommen wollte und die Kirche sich auf Erden etablieren mußte, war Not am Mann. Je weniger vom wiederkommenden Herrn zu erwarten war, desto nachdrücklicher mußte dieser »vergottet« werden. Ein gewaltiger Prozeß des Umdeutens und Umschreibens setzte ein. Die Naherwartung wurde zur Fernerwartung – und noch später zum »ewigen Leben« – umgedeutet, die Wunder Jesu steigerten sich systematisch an Zahl und Qualität, und Jesus selbst avancierte unter der Hand zum Messias der Juden, zum Christus der Christen, zum Gottessohn für die Menschen aller Zeiten und Zonen. Damit hatte die »Zwangsidee Dogma«[24] den armen Menschen aus Galiläa besiegt, damit war die Kirche Christi endgültig zur Institution geworden, mit deren Hilfe die Menschen einer von männlichen Elitegruppen (Kleriker, Hirten) organisierten Ausbeutung unterworfen werden konnten. Hatte Jesus keinen Glauben an sich selbst gefordert[25], verlangt »seine« Kirche schon bald das Opfer des Verstandes von allen Menschen, die an ihre Heilsorganisation glauben sollen.

Sie bekommen zu hören, das Christentum habe die Moral der antiken Welt veredelt, ja die Kirche habe der Welt eine neue Moral gebracht – auf die Wahrheitsliebe oder Herrschaftsfreiheit erstreckte sich diese gewiß nicht![26] Kaum waren die jeweiligen neuen Lehren erdacht, mußten sie mit Gewalt durchgesetzt werden. Die Kirche verlegte sich nicht nur auf die Heidenmission, sie kämpfte auch sehr schnell und nachdrücklich gegen die Abweichler im eigenen Lager. Die Folgen waren schrecklich: »Heiden« wurden ebenso wie »Häretiker« diffamiert – und ausgeschaltet. Wer sich nicht bekehren lassen wollte oder wer selbst in Details zu alternativen Denkmustern neigte, galt als Nicht-Christ und wurde vogelfrei. Bereits die frühen Jahrhunderte der Kirchengeschichte sind voll von Kämpfen der Mehrheit gegen die sogenannten Irrenden.[27] Und was sich zu Beginn blutig bewährte, wird jahrhundertelang anhalten und die Herrschaft stabilisieren...

Dogmen, Rechtssätze und Sittenlehren entwickeln sich zwar im Lauf der Zeit, bekommen neue Namen, teilweise gewandelte Inhalte oder Formen: Was beispielsweise im Mittelalter als »Ablaß« auftauchte oder was heute »Unbefleckte Empfängnis« heißt, war jahrhundertelang unbekannt. Doch eines blieb: Alle Doktrinen oder Moralsätze mußten gewaltsam durchgesetzt werden. Alle forderten ihre Opfer, manche von ihnen zerrütteten sogar die Köpfe und Herzen, Seelen und Körper der Unterworfenen – und tun es noch heute. Es könnte zu denken geben, daß eine Organisation, die damit prahlt, die wahre Hochreligion zu vertreten, so viele Kulturen niederkämpfte und Millionen Menschen unterjochte.

Paulus zeigte ein für allemal den Weg in die Zukunft. Er schrieb historische Fakten um und formte sich seine Religion. Er entlehnte aus der zeitgenössischen Geisteswelt alles, was in sein Konzept paßte. Er malt die Seligkeit der Christen in lauter antiken Wendungen aus; seine Schriften übernehmen den religiösen Formelschatz des Heidentums, seine Inhalte decken sich oft frappierend genau mit Vorstellungen der Mysterienreligionen und der Philosophie jener Zeit. Wer aber das paulinische Glaubensgut nicht anerkannte, wer sich beispielsweise eigene Gedanken über Sünde und Erlösung machte, der verfiel nicht nur dem Bann des historischen Paulus, sondern auch dem der Kirche, die sich zu Unrecht auf Jesus statt auf Paulus gründet.

So blieb es. Die Glaubenssätze der Kirche haben stets eine Kehrseite: Sie sind haßerfüllte Bannflüche derer, die die Wahrheit zu besitzen glauben, gegen alle Menschen, die anders glauben wollen als die siegreiche Mehrheit. Noch eines der neuesten Dogmen, die Unfehlbarkeit des römischen Papstes, gründet auf der Verdammung Andersdenkender.[28]

Je mehr Einzelheiten des wahren Glaubens aber fixiert und zum Nachglauben befohlen werden konnten, desto sicherer hatten die Oberhirten die Ihren in der Hand. Lehrte die offizielle Kirche, die Gläubigen müßten alles glauben, was ihnen zu glauben befohlen war, und alles befolgen, was als Gebot galt, gewann sie einen riesigen Einfluß auf die verängstigte Masse. Da zudem die Glaubensmenge ständig zunahm und der Glaube immer komplizierter wurde, mußte schließlich nicht nur eine eigene »Wissenschaft« (die Theologie) erfunden werden, sondern auch ein Lehramt.

> **Ihr Argument für den Austritt:** Die konkrete Kirche hat gar nichts mit dem Wissen oder Willen Jesu zu tun. An dessen Stelle erklären Päpste und Bischöfe verbindlich und unter der »Strafe der Sünde«, was sie für wahr halten und niemand von allein verstünde. Ob derlei Bevormundung vom Himmel fiel oder dem Machtinteresse irdischer Instanzen entstammt, überlasse ich Ihrem eigenen Urteil.

Welche Interessen vertritt ein Papst?

> **Wußten Sie,** daß betrügerische Dokumente zur Basis des Papsttums wurden und die Päpste erst Jahrhunderte nach der Aufdeckung des grandiosen Schwindels bereit waren, diesen zuzugeben? Doch ist dies nur eines der vielen Beispiele dafür, wie sorgfältig Oberhirten den eigenen Vorteil suchen.

Glaube ist nicht zuletzt eine Frage der Geographie: Wer zufällig in Mitteleuropa geboren wurde, hält sich fortan an das Christentum, und wer in China zur Welt kam, hält es ebenso gern mit Konfutius. Meist haben Menschen die Religion, in die sie hineingeboren (und hineingetauft) wurden, und den Glauben, den schon ihre Eltern, Voreltern, Ureltern hatten. Ihr Glaube ist ein

Erbstück wie das Familiensilber. Sehr wenige hätten einen Gott, hätten Interessierte nicht dafür gesorgt, ihnen einen zu geben.[29] Es ist in der Tat wie bei den ererbten Löffeln. Gläubige sind schlicht sauer und rufen gar nach dem Staatsanwalt[30], wenn ihr Glaubens-Besitz angetastet wird. Sie sprechen dann von Beleidigung oder zumindest von vordergründiger Argumentation, von der Betonung des Unwesentlichen, vom Übersehen des Wesens. Diese Beweisführung läßt sich unschwer widerlegen. Man braucht nur den Spieß umzudrehen. Freilich glauben die Gläubigen einem dann erst recht nicht. Denn wer an seine Kirche glauben will, koste es was es wolle, dem ist nicht an Gegengründen gelegen.

»Vordergründig« ruft der Gläubige, wenn ein Buch die Hintergründe seines Glaubens aufdeckt, wenn es etwa nachweist, auf welch irdische Weise die Evangelien und Dogmen der Kirche zustandekamen. Ein Beispiel: der Kampf um ein Dogma des Christus, der von einem (ungetauften!) Kaiser im 4. Jahrhundert aus politischen Gründen geführt und so siegreich beendet wurde[31], daß noch immer geglaubt werden muß, Jesus Christus sei »wesensgleich« (und nicht nur »wesensähnlich«) mit Gottvater.

Der Streit um diesen Glaubenssatz war blutig. Schreibt Gott aber nicht auch auf krummen Zeilen? Kann er sich nicht auch schlechter Mittel (und verdächtiger Personen) bedienen, um seine Ziele zu erreichen? Wer so argumentiert, schiebt nicht nur seinem Gott die Schuld an den Morden zu, sondern verkennt auch die Tatsache, daß es im Lauf der Kirchengeschichte ausschließlich solche krummen Zeilen gab. Zudem übersieht er die tatsächlichen Motive der handelnden Personen und Interessengruppen. Diese aber lassen sich – im Unterschied zu den Beweggründen eines schweigsamen Gottes – detailliert aufweisen.

Kirchenfürsten hatten da ihre spezifischen Schwierigkeiten. Sie gingen so gut wie nie ehrlich mit den Belegen um. »Falsche« Fakten durften nicht ans Licht kommen, weil sie die Kreise der Macht empfindlich hätten stören können. Was der kirchlichen Siegergruppe (das Volk gehörte nie dazu) nicht ins Konzept paßte, mußte unter allen Umständen vernichtet werden.[32] Die gegenteilige Meinung, die den Oberhirten gefährlich wurde, galt daher von vornherein als Betrug. Bücher, die sie vortrugen, verdienten »dem Feuer übergeben«[33] zu werden. Unter diesen Umständen ist es kein Wunder, daß manche Fakten der Kirchengeschichte erst mühsam aufgedeckt und Schriften rekonstruiert werden mußten, bevor die ganze Wahrheit ans Licht kam.

Immerhin schafften es Kirchenmänner, belastende Dokumente so gründlich zu vernichten[34], daß mindestens anderthalb Jahrtausende hindurch niemand von ihrer Existenz wußte. Daß dieselben Kreise auch die Autoren solcher Schriften aus dem Gedächtnis der Menschen tilgten, indem sie sie beruflich und gesellschaftlich vernichteten oder gleich töten ließen, wird ebenfalls erst in jüngster Zeit bekannt.

Und das »Unwesentliche«? Halten Sie es für eine Bagatelle, wenn nachgewiesen werden kann, daß Christen seit alters fälschten und betrogen? Ist es unwesentlich, daß das Wunderarsenal der Bibel alles andere als originell ist und Jesus kein einziges dieser »Wunder« tat?[35] Daß Jesus aus Galiläa systematisch und nach genau vorgegebenen Mustern vergottet wurde, so daß nicht nur seine Geburt, sondern auch seine Auferstehung und Himmelfahrt Parallelen bei den Göttersöhnen der Antike haben?[36]

Ist es Nebensache, daß jahrhundertelang Reliquien gefälscht wurden?[37] Daß Kirchenfürsten Grundbücher zu ihren Gunsten korrigierten?[38] Daß sich die fromme Folklore der Kirche (Kleider, Titel, Throne der Oberhirten), also jener Talmiglanz, der seine Wirkung auf schlichte Gemüter noch immer nicht verfehlt, auf einen kaiserlichen Verbrecher zurückführt, der – obgleich als Mörder überführt – als heilig gilt?[39]

Das »Wesen«? Gehört etwa das Papsttum zum Wesen der Kirche? Bereits die Frage, ob die Kirche einen Papst brauche[40], ist unter Katholiken ungehörig. Sind denn Luthers Zeiten endgültig vorbei? Sind Lutheraner doch nur Christen zweiter Klasse? Oder sind ihre Argumente nicht historisch und dogmatisch schlagend?

Das Papsttum steht auf wackeligen Beinen: Weder Jesus weiß etwas von ihm noch kann Petrus, der »erste Papst«, viel mit dem Vatikan zu tun gehabt haben.[41] Die einzig sichere Grundlage für diese höchst unbiblische Institution bietet das Machtinteresse derer, die darauf spekulierten, Papst zu werden – und das eigene Amt Schritt für Schritt zu dem auszubauen, was es noch heute darstellt. Die Entstehung des Papsttums ist daher alles andere als wunderbar. Nichts ging da übernatürlich, alles natürlich zu.[42]

Zwar sprechen Päpste gegenwärtig nicht mehr so offen wie ihre Vorgänger davon, alle Menschen seien ihnen unterworfen und jeder Ungehorsam gegen ihr Lehramt sei dem ewigen Heil abträglich.[43] Diese päpstliche Doktrin, für die Menschen früherer Zeiten viele Opfer bringen mußten, erscheint mittlerweile – wie manche andere[44] – nicht mehr unfehlbar. Doch beansprucht der Papst noch immer nicht nur ein unvergleichliches Vorrecht für sich und sein Amt, sondern Gehorsam gegenüber allem, was er – von Amts wegen – lehrt.[45] Man kann sicher sein, daß er Gründe hat und Interessen verfolgt. Die christliche Religion, sagt Georg Christoph Lichtenberg, wird mehr von solchen Leuten verfochten, die an ihr verdienen, als von solchen, die von ihren Wahrheiten überzeugt sind.[46]

Ist der katholische Glaube mittlerweile leichter geworden? Wurde Ballast abgeworfen? Muß beispielsweise nicht mehr geglaubt werden, was der Vatikan vor 100 Jahren lehrte und einige Jesuiten soeben wieder einbläuten: In der Hölle brennt ein richtiges Feuer, um die Verdammten zu quälen?[47] Ist überholt, was unter Bannandrohungen gelehrt und/oder mit Hilfe von Sündenangst eingetrichtert wurde? Daß es ein Fegefeuer gibt, in dem »arme Seelen« schmoren? Daß Maria vor, während und nach der Geburt Jungfrau blieb? Daß Jesus selbst sieben Sakramente einsetzte[48] und die römisch-katholische Kirche zu seinen Lebzeiten als die alleinseligmachende gründete?[49] Daß nur getaufte Männer Priester werden können, aber keine Frauen?[50] Daß Gläubige verpflichtet sind, jedes Jahr wenigstens einmal zur Kommunion zu gehen?[51] Daß nur die Priester Sünden vergeben können?[52] Daß Gläubige nur »katholisch« heiraten können, wenn sie eine »gültige Ehe« eingehen wollen?[53] Daß die menschliche Sexualität von Priestern genormt werden soll?[54] Daß es außerhalb der römischen Kirche »keine Rettung des Menschen«[55] gibt?

Für die Frage nach dem Kirchenaustritt könnte es mitentscheidend sein, ob jemand noch bereit ist, die folgende Definition ernstzunehmen: »Mag einer noch so viele Almosen geben, ja selbst sein Blut für den Namen Christi vergießen, so kann er doch nicht gerettet werden, wenn er nicht im Schoß und in der Einheit der katholischen Kirche bleibt.« Immerhin stammt dieser Lehrsatz nicht von irgendeinem kleinen Theologen, sondern von einem Allgemeinen Konzil.[56]

Lassen Sie sich von solchen Sprüchen schrecken? Oder denken Sie an die Milliarden Nichtkatholiken auf der Welt? An die vielen guten Menschen, die keinen Vergleich mit Kirchenchristen scheuen müssen?

Ist inzwischen nur mehr alles halb so schlimm? Läßt man mit sich reden? Ein deutscher Weihbischof meint im April 1992, er persönlich könne sich beispielsweise in der Kirche der Zukunft auch verheiratete Priester, ja Frauen im Hirtenamt vorstellen.[57] Das hört sich – für Uneingeweihte – nicht schlecht an. Doch verliert der Oberhirt zum einen kein Wort über die Vergangenheit der betreffenden Kirchengesetze oder -dogmen, als könnte das unsägliche Leid der Menschen, die wegen ähnlicher Äußerungen verfolgt wurden, einfach übergangen werden. Zum anderen täuscht er sich und die Reformgläubigen über die Tatsache hinweg, daß er in dieser Angelegenheit gar nichts zu bestimmen hat – und der Papst selbst keine Anstalten machen wird, sich einer solchen Meinung anzuschließen.[58]

Bis 1983 legten übrigens weltweit an die 100 000 Priester ihr Amt nieder und heirateten.[59] Das bedeutet: einhunderttausendmal Nein zur Papstkirche, einhunderttausendmal Ja zur Frau. Nicht wenige dieser Priester verließen die Kirche ihrer Jugend ganz, weil sie sie für ebenso unbiblisch wie unmenschlich hielten. Verrieten sie ihre beschworene Treue? Oder zogen sie die Folgerungen aus der Erkenntnis, daß die Kirche keine Treue beanspruchen darf, weil sie selbst ihrem Herrn untreu wurde?

Nicht nur in dieser Frage ist der Papst festgelegt. Was er heute lehrt, ist freilich nur ein Bruchstück vom Ganzen. Päpstliche Aussagen sind Restbestände einer leidvollen Rechtsgeschichte, Sedimente von Glaubensdoktrinen, bloße Siegerlehren, die es im Lauf der Geschichte schafften, sich gegen anderslautende Traditionen durchzusetzen – und die zum Teil noch immer opportun sind. Bis zum Beweis des Gegenteils.

Nicht alles, was Sie dem Papst abnehmen sollen, ist so lupenrein, wie es sich gibt. Auffällig, doch kaum verwunderlich, daß so viele »Glaubenssätze« und Sittenlehren just diejenigen Meinungen waren und sind, die den meisten Gewinn abwarfen: Das Kirchenfürstentum profitierte jeweils in besonderem Maße von ihnen. Schon bald hatte sich die Kirche von der Religion der Unterdrückten zu der der Herrschenden gewandelt. Doch Herrschen will gelernt sein. Man war zu Änderungen gezwungen. So ließ sich beispielsweise der ethische Rigorismus des Beginns nicht mehr verwenden: Die noch in den Evangelien Jesus zugeschriebenen unmißverständlichen Worte gegen die Reichen, die »Meister«, »Väter« und »Lehrer«[60] mußten abgeschwächt werden, damit sich eine neue und wohlhabende Elite bilden konnte.

Die Staatsmacht Roms, ideologisch geschwächt, brauchte gerade solche Leute. Als sich Staat und Kirche schließlich zusammentaten (kein Betriebsunfall der Weltgeschichte, sondern Kalkül!), erhob sich keine einzige warnende Stimme aus der Kirche.[61] Im Gegenteil. Endlich war es den Hirten geglückt, sich ganz oben einzunisten und gleichberechtigt zu sein. Die Folgen dieses Bündnisses tragen wir noch heute (darüber später).

Herrschende brauchen willige Menschen, die sich beherrschen lassen. Jeder Täter hat sein Opfer nötig. In der Tat gelang es der Kirche, den Durchschnitt an sich zu binden und ihn nicht durch allzu harte Forderungen zu vergraulen. Die Massen liefen ihr zu.[62] Sie war zum Spiegelbild der absolutistischen Monarchie des römischen Imperiums geworden[63], und dieser Wandel nutzte ihren Repräsentanten ungemein. Nun waren auch sie endlich wer[64], und mit der Zeit galten sie gar, wenn auch nur vorübergehend, als die Herren der Welt.

Leo X. (†1521), der Luther bannte, hatte noch den Mut, offen zuzugeben, wie sehr »die Fabel von Christus Uns und den Unsrigen genützt hat«[65]. Nutzen zogen die Herren auch aus anderen Lehren. Beispiele sind die Dogmen vom Papsttum (Unfehlbarkeit, Primat) oder vom Bußsakrament[66] sowie die Gesetze über die Ehelosigkeit der Priester, die Sexualmoral[67] oder die Normen, nach denen Titel, Orden, Ablässe[68] und Dispensen[69] vergeben werden: Sie alle stabilisieren die Herrschaft – und damit die Ausbeutung von Menschen durch Menschen.

Da der Herr nicht kam, sollten die Gläubigen eines Tages zu ihm kommen. Christus kehrt nicht mehr auf die Erde zurück, daher kommt der Gläubige nach seinem Tod zu ihm.[70] Aber wie? Die Kirche springt ein und benennt das Medium: Wurde der Christ nicht mehr auf die Wiederkunft des Herrn verwiesen, sondern auf die Gnadenmittel seiner Kirche, die ihm ersatzweise angeboten wurden[71], zeigte er sich entsprechend willig. Und auch das Geld scheint dabei keine ganz unwesentliche Rolle gespielt zu haben.

Eine Information über den Gewinn, den die Stellvertreter Christi auf Erden aus ihrer Verkündigung ziehen:

- Johannes XXII., der ganze Tariflisten für die Erteilung von Dispensen und Absolutionen erstellte, hinterließ bei seinem Tod (1346) 16 Millionen in Münzen und 17 Millionen in Goldbarren,
- Leo X. ließ sich seine Krönung bare 50 000 Golddukaten kosten, verpraßte fünf Millionen und hinterließ mehr als 800 000 Dukaten Schulden,
- Pius IX. (†1878) besaß unter vielem anderem eine Papstkrone, die mit 18 000 Brillanten geschmückt war,
- Pius XII. (†1958) verfügte über ein Privatvermögen von 80 Millionen in Gold und Valuten.[72]

Mischt sich die Kirche nicht laufend in Dinge ein, von denen sie nichts versteht?

Wußten Sie, daß die regelmäßigen Kirchgängerinnen und Kirchgänger ihren Hirten gerade in religiösen Fragen weitaus weniger Sachverstand zubilligen als die unregelmäßig zum Gottesdienst gehenden Menschen (35,8 zu 74,3 Prozent)? Was die Kindererziehung betrifft, halten nur 20,2 Prozent der Kirchenbesucher und nur fünf Prozent der »Unregelmäßigen« den eigenen Pfarrer für hilfreich, in Sachen Politik sind es beidesmal etwas mehr als sieben Prozent[73].

Eine Umfrage[74] unter Katholiken kam zu dem Ergebnis, daß zwar über 85 Prozent der Befragten an Gott und Jesus Christus glauben, die Kompetenz der Kirche jedoch mit Distanz und Skepsis betrachten. Auch die »Seelsorger« vor Ort schneiden in Sachen Lebenserfahrung sehr schlecht ab. Selbst die eigenen Schafe nehmen es den Hirten nicht mehr ab, in Ehe- und Familienkrisen die Fähigkeit und Bereitschaft zu Rat und Hilfe zu besitzen.[75] Nur 13 Prozent der befragten Frauen (und 18,5 Prozent der Männer) gingen noch in solchen Angelegenheiten zu einem Pfarrer. Noch geringer wird die Kompetenz und Vertrauenswürdigkeit des Seelsorgers in puncto Sexualität eingeschätzt.
Was meinen Sie selbst? *Halten Sie Pfarrer, Bischöfe, Päpste für kompetenter als andere Menschen?* Ein Beispiel: Zu Ostern 1992 predigte

73

der Vorsitzende der Deutschen Bischofskonferenz, der erwähnte Bischof Lehmann, die deutsche Vereinigung koste nun mal Geld, und diesem Problem müßten sich alle stellen. Die Medien stellten sich dieser Erkenntnis und berichteten sogleich über die bischöfliche Meinung. Der Effekt: Viele denken, das sei ein wichtiges, ja wegweisendes Wort. Ist diese Aussage aber mehr als eine Banalität? Muß man eine Bischofsweihe erhalten haben, um sie machen zu können?

Wer genauer hinsieht, macht immer dieselbe Entdeckung: Auf den Sachbereich Kirche beschränkte Themen interessieren im allgemeinen weder die Hirten noch deren Zuhörer. Die Kirche tut meist nur noch ihre sogenannte Pflicht und redet von Amts wegen über Dinge, die die Mehrheit nicht mehr hören will.[76] Bei nichtkirchlichen Problemen, die wirklich interessieren, haben die Oberhirten jedoch kein bißchen Vorsprung. Im Gegenteil, sie urteilen, wenn es um Wirtschaftspolitik oder Umweltschutz geht, nicht anders als schlechtinformierte Privatleute. Was sie Stammtischpolitikern voraus haben: In Deutschland – und nur da – meinen manche Medien, ein solches »Bischofswort« sei wiedergabefähig...

Die erwähnte Untersuchung stellte auch die Frage, was an der Kirche konkret und von Fall zu Fall oder permanent störe. Unter den zehn meistgenannten Kritikpunkten nahmen das Verhalten eines bestimmten Seelsorgers (31,3 Prozent) und das autoritäre Gebaren der Amtskirche (25,7 Prozent) die ersten Ränge ein. Es folgten auf den nächsten Plätzen die Weltferne der Hirten, die Kluft zwischen Worten und Taten sowie das leidige Geld und der Pomp der Kirche.

Aus finanziellen Gründen, wie Kirchenvertreter gern unterstellen, verlassen relativ wenige die Kirche. Viel schlimmere Auswirkungen als die Zahlungsverpflichtung hat das autoritär-besserwisserische Verhalten kirchlicher Amtspersonen. Vielleicht ist aber der einzelne Pfarrer nicht einmal allein verantwortlich für seine »Von oben herab«-Haltung. Zwar finden sich im Priesterberuf nicht wenige autoritäre Charaktere, denen Herrschen, Verkündigen, Lehren, Anweisen, Sünden erlassen schon zur Lebensnotwendigkeit wurde. Doch fanden diese und ähnliche Charakterzüge Unterschlupf in einem bestimmten Beruf und dem diesen tragenden System Kirche. Schließlich sagen Oberhirten fast täglich, wie wichtig ihre Verkündigung ist – und wie kompetent sie sich einer ganzen Welt gegenüber fühlen. Nur nimmt ihnen das fast niemand mehr ab.

Zum einen hält die Kirche aber daran fest, daß sie ein bestimmtes »Mehr« vertritt, und zum anderen lehnt sie alle durchgreifenden Ansätze zur Demokratisierung ihrer eigenen Organisation als gottfern ab. Bischöfe sehen das Problem durch ihre eigene Brille. Sie gehen davon aus, daß ihre eigene Arbeit und ihr Beruf nicht nur unverzichtbar sind (wenigstens für die Treuen), sondern auch unvergleichlich wirksam (für alle Menschen). Warum das so sein soll? Weil der Mensch sich nicht nur auf ein Leben im Diesseits beschränken kann, sondern auf ein Jenseits hin geschaffen ist. Und weil er dieses Jenseitige, das »Mehr«, die sogenannten letzten Werte (wie ihm beispielsweise SPD-Politiker bestätigen[77]), nur von einer einzigen Seite geboten bekommt, nämlich von der Kirche.[78]

Zwar erkennt kaum noch jemand die Begründung für diese Selbsteinschätzung an, die die Lobby nennt: das »Mehr«, das die Kirche angeblich darstellt oder leistet. Zu Recht, meine ich, widersprechen immer mehr Menschen dem bisherigen Erfolgsrezept kirchlicher Seilschaften. Denn Kirchen haben weder ein historisches noch ein aktuelles Mehr. Ihr Vorsprung vor anderen Interessengruppen ist nicht mehr allgemein anerkannt.

Die Berufung auf letzte Werte, die ausgerechnet von den Lobbyisten einer geschichtlich desavouierten Kirche exklusiv vertreten werden sollen, ist in der säkularen Gesellschaft und im weltanschaulich neutralen Staat von heute unnachvollziehbar und falsch. Was demgegenüber nachgewiesen werden kann, ist ein tatsächliches Mehr der Kirchen an Unkultur, zumal an Mord und Totschlag, sowie ein Mehr an Inhumanität im gegenwärtigen Verhältnis von Herren und Knechten der Kirche.[79] Kann man sich im übrigen ein ideelles Mehr, falls es ein solches wirklich gäbe, finanziell honorieren lassen oder durch Privilegien absichern, wie dies in der Bundesrepublik – durch jene, die sich auf die Nachfolge Christi berufen, – noch immer geschieht?[80] *Können Sie sich Jesus als »Lobbyisten des Himmels« vorstellen, der hinter Gewinnen und Privilegien herjagt?*

Wird eine kranke Gesellschaft wie die Kirchenorganisation, die bereits das freie Wort nicht schätzt, überhaupt eine gesunde Kultur, ein ideelles Mehr hervorbringen und lebendig erhalten? Diese Frage wird von der überwiegenden Mehrheit verneint, doch von Oberhirten und Interessenpolitikern bejaht. Parteipolitik, die – übrigens in mehreren Fällen entgegen der tatsächlichen Lage[81] – noch immer auf die Wählerstimmen der Kirchengebundenen spekuliert, hütet sich auffallend ängstlich vor der Wahrheit. Ein Bischof braucht beispielsweise nur das Schlagwort vom »Kulturkampf« fallen zu lassen, und schon sind manche Parteien wieder bei der Stange.

Fürchten Wahlkampfmanager etwa noch immer die Drohung, Bischöfe hielten einmal mehr irgendwelche »christlichen Inhalte« der Parteiprogramme für ausschlaggebend und beeinflußten in diesem Sinn die Herde?[82] Christliche Inhalte? Nicht selten gewinnen Menschen heute den Eindruck, die Oberhirten artikulierten einen Willen Gottes und der Kirche, der sich nur unwesentlich vom Programm der maßgebenden Christenpolitiker unterscheidet. Von daher gesehen nützen Bischöfe in erster Linie den gerade staatstragenden Parteitaktikern. Aber zugeben werden dies beide Seiten des Wahlbündnisses nicht. Wer tatsächlich den größten Gewinn aus dem Deal zieht, steht freilich schon fest: die Kirchen. Sie leben, von den Vertretern des weltanschaulich neutralen Staates tatkräftig unterstützt, honoriert und privilegiert, in Deutschland wie die Maden im Speck. Die Rechnung aber bezahlen – in Milliardenhöhe – wir alle.

Kleriker sind »nicht von dieser Welt«, solange es sich lohnt, und »mitten in dieser Welt«, wenn es sich auch lohnt. Ihre Argumentationen richten sich auf den jeweiligen Zeitgeist aus. So ist seit geraumer Zeit im Verhältnis von Staat und Kirche »Partnerschaft« angesagt. Mag es auch vielen Denkenden merkwürdig vorkommen, ob und inwieweit überhaupt Organisationen wie die Kirchen als Partnerinnen eines modernen Staates betrachtet werden dürfen – die Betroffenen scheren sich nicht um Argumente.[83] Sie nehmen ein besonderes Wächteramt in Anspruch, und die Vertreter des Staates akzeptieren dieses. Von einem Widerspruch von seiten demokratisch gewählter Volksvertreter gegen die Appelle eines Papstes, der in seiner eigenen Institution kaum einen Gedanken an Demokratie oder Menschenrechte aufkommen läßt[84], ist nicht die Rede.

Rufen Katholiken von unten, also »Laien«, dazu auf, »Politik als Christenpflicht zu begreifen«[85], tun sie nur ihre Pflicht: Sie übernehmen die ihnen von den Oberhirten zugewiesene Aufgabe. Auf diese Weise wird die jahrhundertealte Übung der Päpste und Bischöfe, handfeste Interessenpolitik zugunsten der Kirche zu betreiben, mit anderen Mitteln fortgeführt. Zudem gelingt es, beispielsweise mit Hilfe schöner Worte von der »Achtung der Menschenwürde«, den Schwarzen Peter abzugeben und von der Mißachtung eben dieser Würde in der eigenen Organisation abzulenken. Wer sich um die »politische Meinungsbildung in den Parteien« sorgt, ist selten versucht, ähnliches in der Kirche auch nur zu diskutieren.

Die angeblich wahre Kirche kann keine Demokratie kennen.[86] Nähme sie diese ernst, gäbe sie sich selbst auf. Oberhirten, die an einem ausgeprägten »Wir-auch-Syndrom« leiden, können unwidersprochen ihre Fensterpredigten halten und sich in jede Angelegenheit einmischen, die ihnen paßt: in die Diskussion um Umweltschutz[87], Wohnungsnot, Asylantenfrage, neue Bundesländer,

Schwangerschaftsabbruch. Obgleich sie von den meisten Fragen, über die sie sprechen, ungleich weniger als die wirklichen Experten oder gar nichts verstehen, verkündigen sie ihre Meinung mit dem Anspruch auf Zustimmung. Sie gelten noch immer als Partner und profitieren von dieser Geltung: Vor 1918 gab es ein Ineinander von Staat und Kirche, in der Weimarer Republik ein Nebeneinander, von 1933 bis 1945 ein (höchst zweifelhaftes) Gegeneinander – und in der Bundesrepublik ein Miteinander.[88] Auffallend, daß die Kirchen in jedem einzelnen dieser Fälle profitierten. Offenbar drehte niemand – schon gar nicht Hitler[89] – den Klerikern, die es so gut »mit allen können«[90], den Geldhahn zu.

Das »Lehramt« der Kirche aber stellt sich außerhalb der allgemeinen Menschenrechte und über diese. Es erhebt sogar den Anspruch, über die Verletzung oder Nichtverletzung demokratischer Grundrechte nach eigenem Gusto urteilen zu können.[91] Im Laufe der Jahrhunderte weiteten sich im übrigen die Interessensgebiete der Kirchen aus. Die Geschäftsgrundlage des Klerus wurde erweitert. Mit der Zeit setzte sich gar die Vorstellung durch, alle Regungen eines Menschen- und Christenlebens müßten von Seelsorgern konstatiert und geregelt werden. Der solchermaßen lückenlos umsorgte Mensch konnte es sich bald nicht mehr vorstellen, daß er frei geboren war und keinen Zwängen unterworfen. Die Bewußtseins- und Betreuungsindustrie funktionierte wie geschmiert, und bis zum heutigen Tag schleppt sie sich weiter. Die Folge: Die Kirchen beanspruchen wie selbstverständlich ein Monopol auf das Geistliche und sind politisch wie juristisch als Himmelslobby anerkannt und dotiert.

Sprechen Bischöfe auch in Ihrem Namen? Erteilten Sie einem von ihnen je ein Mandat? Wer gab den Kirchen das Recht zu amtlicher Einmischung, wenn nicht diese selbst? In wessen Namen sprechen sie überhaupt? Wurden katholische Bischöfe demokratisch legitimiert? Vertreten sie irgendwelche Mehrheiten? Oder sind sie bloß Gottes Stellvertreter? Sprechen sie im Namen Jesu, der sich aus guten Gründen nie zu jenen Schlafzimmerproblemen äußerte, die den Stellvertretern so große Not verursachen?

Sollen die Oberhirten auf diese Frage antworten, drehen sie sich im Kreis. Immerhin: »Die Angewöhnung geistiger Grundsätze ohne Gründe nennt man Glauben« (Friedrich Nietzsche[92]). Sie müssen in jedem Fall auf diesen Glauben zurückgreifen, nach dem sie ein besonderes Amt und den entsprechenden Auftrag haben. Aber damit beantworten sie die Frage mit einer neuen Fragwürdigkeit. Ehrlicher und sachdienlicher wäre es, sie argumentierten schlicht mit dem eigenen Interesse – und ließen »Gott« beiseite. Denn mit diesem Gott bekommen sie nur Probleme. Ein weiteres Beispiel: Besitzen die Kirchen vielleicht ein Monopol, weil es ihnen die Verfassung einräumt? Ist also jener Gott, den das Grundgesetz und die Verfassungen einiger Bundesländer nennen[93], ihr Auftraggeber? Wollte er sich nur an jene Herren binden, die in schwarzen, purpurnen oder weißen Talaren auftreten – oder ist er, wenn überhaupt, ein Gott aller Menschen?

Glauben Sie an Gott, ist dieser ihnen gewiß zu schade dafür, nur durch den Mund von Päpsten und Bischöfen reden zu dürfen. Menschen denken zunehmend nach. Sie lassen sich heute nicht mehr so leicht wie früher mit autoritären Argumenten überzeugen. Daß gar »Gott« selbst alles so gewollt habe, wie die gegenwärtige Kirche lehrt, glauben nur noch die wenigsten. Auf welchen Gebieten wird überhaupt noch die Autorität des Papstes anerkannt? 1988 äußerten schon 78 Prozent der regelmäßigen Kirchgänger und 95 Prozent der unregelmäßig zur Messe gehenden Menschen in der Bundesrepublik, sie seien nicht mehr bereit, päpstliche Äußerungen zur Sexualmoral zu akzeptieren.

> Ihr Argument für den Austritt: Träte der (nicht seltene) Fall ein, daß Papst und Bischöfe anders lehren als Katholikinnen und Katholiken es für richtig halten, entschieden sich 39,2 Prozent der Kirchgänger und 83,6 Prozent der nur von Fall zu Fall die Sonntagsmesse Besuchenden aufgrund eigener Einsicht.[94] Seit dieser Umfrage änderten sich die Meinungen nochmals dramatisch zuungunsten der Kirche: Schon 1989 war die Bereitschaft, sich wichtigen Entscheidungen des Papstes zu beugen, auf 16 Prozent gesunken, ein noch nie erreichter Tiefstand.[95] Die Mehrheit ist sich sicher: Ohne den Rat der Kirche läßt es sich besser durch das Leben kommen.

Rechneten Sie mal nach, wieviel Sie völlig umsonst bezahlen?

> Wußten Sie, daß die durchschnittlichen Kirchensteuereinnahmen in den letzten 20 Jahren immer schneller stiegen als Inflationsraten und Lohnkosten? Es geht den Großkirchen weitaus weniger schlecht, als sie selbst klagen. Daher ist es ihnen auch egal, ob ausgerechnet Sie Mitglied bleiben oder nicht.

Der bayrische Finanzminister ist nicht zu beneiden. Als habe er nicht schon Sorgen um den Staatshaushalt genug: Er muß sich auch Jahr für Jahr um die Pflichtzahlungen und Lieferungen kümmern, die nach bayerischem Staatskirchenrecht für Pfarrer und niedere Kirchendiener zum Lebensunterhalt oder als Vergütungen für bestimmte Dienstleistungen bestimmt sind. Die Höhe dieser sogenannten »Reichnisse« festzulegen und fortzuschreiben, dürfte den Ministerialbeamten »mehr Kopfzerbrechen bereiten als der gesamte Haushaltsplan«.[96] Zwar sind keine Naturalleistungen mehr erforderlich (also kann sich Bayern die Anlage und Pflege von Karpfenteichen ersparen), doch die Umrechnung der Verpflichtung in Geldleistungen ist komplizierter, als es die Abgeltung in Naturalien wäre.

Schließlich stehen der Kirche seit alters »Naturalreichnisse« wie Holz, Stroh, Wildbret, Fische, Getreide, Wecken, Flachs, Eier, Schmalz und Wein zu, die unter den buntesten Namen angeführt werden: Kirchtrachten, Kirchbrote, Läutgarben, Fastnachts- und Ostergarben. Doch was bedeutet »ein Schober langes Stroh«? In Niederbayern wird dieses Stroh mit 550 kg, in Unterfranken mit 900 kg, in Schwaben mit 600 kg bewertet. Und was tun, wenn für Stroh schon lange kein Marktpreis mehr existiert? Bei Karpfen ist das leichter: 100 Kilogramm Fisch kosten im Regierungsbezirk Oberpfalz 336 DM, in Unterfranken 495 DM. Da die anspruchsberechtigten Kirchen nicht locker lassen, werden die »Reichniswerte« Jahr für Jahr im Amtsblatt des Bayerischen Staatsministeriums der Finanzen veröffentlicht. Für 1992 sind an solchen Reichnissen für Kirchen und Klöster allein im Etat des Kultusministeriums Ausgaben von rund 2,4 Millionen DM vorgesehen...

Freiwillig üben die Kirchen keinen Verzicht. Manchmal erfährt man daher auch von skurrilen Prozessen: Da klagt beispielsweise die Diözese Augsburg bei einem Landwirt ganze 18,– DM ein, da dieser verpflichtet ist, nach altem Herkommen eine Summe im Gegenwert von »12 Laib Brot« an die Kirche zu zahlen.[97] Solche Lächerlichkeiten stehen als »merkwürdige Fälle« in der Zeitung. Die Regelfälle sind dagegen kaum eine Meldung wert.

Das Thema »Kirche und Geld« findet sich über Jahrzehnte hinweg in der Schublade, in die es jene steckten, denen nicht daran gelegen war, öffentliche Diskussionen aufkommen zu lassen. Zwar sprachen dieselben Funktionäre immer wieder davon, alles sei transparent, und die Kirche habe gläserne Taschen.[98] Doch kann man leicht die Probe aufs Exempel machen.

Gehen Sie beispielsweise in eine der vielen Buchhandlungen, die meterlange Reihen religiöser Literatur anbieten. Da finden Sie Dutzende von Büchern über alle möglichen Fragen der gegenwärtigen Theologie oder Religionspädagogik. Ein von kirchlicher Seite herausgegebenes, transparentes Buch über die Finanzierungssysteme der Kirche suchen Sie vergeblich.

Oder fragen Sie Ihren Pfarrer, welche Grundstücke genau der Kirche Ihres Heimatortes gehören. Oder schreiben Sie Ihrem Bischof oder dem zuständigen Oberkirchenrat und bitten um Auskunft, wieviele Wertpapiere – und welche – im Besitz der Landeskirche oder des Bistums sind. Sie werden erleben, daß sich niemand – schon gar nicht die Kirche – gern ins Portemonnaie schauen läßt. Vielleicht haben Sie gar Interesse für die naheliegende Frage, was die jeweilige Kirche mit Ihrem Geld anfängt und welchen Prozentsatz der Kirchensteuereinnahmen sie beispielsweise für öffentliche soziale Belange ausgibt. Sie werden sich über die Antwort wundern.

Wer unwirsche Hirten erleben will, braucht sich nur für die Finanzierung der Kirchen zu interessieren. Da greift er in ein Wespennest.

Dabei haben Sie doch ein Recht auf eine sachkundige und vollständige Information. Schließlich gehören Sie noch zur Kirche. Daß Sie sich nur ganz selten um die finanziellen Belange dieser Kirche kümmern und die »zuständigen« Leute schalten und walten lassen, ohne ihnen auf die Finger zu sehen und Auskunft zu verlangen, ist Ihr eigener Fehler. Sie brauchen ihn nicht noch länger zu machen.

Ich nenne ein paar Beispiele für kirchliche Ausgaben, also für das, was die Diözesen mit Ihrem Geld anstellen. Ich lege dabei Wert darauf, daß es nicht heißt: mit »ihrem« Geld. Denn dieses Geld ist nicht das der Kirche, *sondern das von Ihnen der Kirche zu treuer Verwaltung überlassene Geld. Der Unterschied zwischen »ihrem« und »Ihrem« Geld ist nicht klein.* Ihn übersehen freilich jene Oberhirten, die beispielsweise – ohne Rücksicht auf die finanzierenden Abonnenten und Käufer – von der »eigenen Bistumszeitung« sprechen und in die journalistische Arbeit hineinreden oder Anweisung erteilen, für die Diözesanbibliothek bestimmte Bücher bestimmter Autoren nicht anzuschaffen.[99] Solche Bischöfe sehen sich als Eigentümer und nicht als Treuhänder eines Vermögens, das von anderen aufgebracht wird. Sie handeln wie absolutistische Regenten und meinen, demokratische Pflichten gälten für alle, nur nicht für sie.

Die bundesdeutschen Diözesen bezahlen aus den Einnahmen aus der Kirchensteuer[100], die 1991 um die sieben Milliarden DM er-

brachten, den Posten »Allgemeine und besondere Seelsorge«
(z. B. Gehälter für Pfarrer, Personalkosten für Häftlings-, Jugend-
und Altenseelsorge) zu 44,23 Prozent, den Posten für »Diözesanleitung« (z. B. bischöfliche Behörden) zu 6,92 Prozent und den
»Finanzen und Versorgung« (z. B. Ruhegeldzuschüsse für Geistliche) zu 15,56 Prozent. Hinzu kommen »Gesamtkirchliche Aufgaben« (u. a. Dritte Welt) mit 6,87 Prozent, »Schule, Wissenschaft
und Kunst« (z. B. kirchliche Museen, Fachschulen) mit 13,05 Prozent und »Soziale Dienste« (Zuschüsse zu Kindergärten u. ä.) mit
13,49 Prozent.

> **Sie fragen sich, wieviel von alldem Ihnen persönlich zugute
> kommt? Vielleicht geht es Ihnen wie den meisten »ruhigen«
> Kirchensteuerzahlerinnen und -zahlern: Sie merken erst ganz
> langsam, daß Sie eine Unmenge mitfinanzieren, die nur sehr
> indirekt »zurückkommt«. Das unterscheidet Ihre Kirchensteu-
> erzahlung wesentlich von den Ausgaben, die Sie bei der So-
> zial- oder Krankenversicherung haben.**

In jenen Fällen wissen Sie, daß Sie irgendwann – im Krankheitsfall
oder bei der Rente – zurückbekommen (können), was Sie vorfi-
nanzierten. Bei der Kirchensteuer ist das anders. Da zahlen Sie für
Dienste, die Pfarrer oder Bischof zwar für Sie bereithalten, die Sie
aber so gut wie nie nutzen (können). Gehören Sie einem Verein
an, zahlen über zig Jahre hinweg Ihre Beiträge, nehmen aber dessen Service-Leistungen nie in Anspruch, so kann es sich weder um
den ADAC noch um einen Tennisclub handeln, sondern nur um
»Ihre« Kirche.
Nun ist die Lobby sofort bereit, darauf hinzuweisen, daß die Kirche eben kein x-beliebiger »Verein« sei. Zwar schafft sie es längst
nicht mehr, Gründe für diese Behauptung beizubringen, zumal
die Lehre vom »Mehr« überholt ist. Auch hat sie Schwierigkeiten,
den Menschen nahezubringen, weshalb sich eine Kirche zwar
himmelhoch von einer Gewerkschaft unterscheide, doch alle Vorteile einer Körperschaft des öffentlichen Rechts beanspruche
und sich in keinem einzigen Fall von anderen Interessengruppen

in Deutschland übertreffen lasse, wenn es um Privilegien geht.[101] Die Lobby ist um so schneller mit dem – auf den ersten Blick einleuchtenden – Argument bei der Hand, es sei ja nicht der Fehler der Bezahlten, wenn ihre Dienste von den Zahlenden nie in Anspruch genommen würden. Immerhin hielte man sich bereit...

Die Kirchengeschichte ist ein ständiger Beweis für die Bereitschaft der Hirten. Waren die Zeiten, da die Menschen durch geistliche Vertröstungen aller Art, durch den Verkauf von Dispensen und Gnaden, durch Spekulationen, Sondersteuern und Bestechungsgelder ausgebeutet wurden, etwa seelsorgsfreie Epochen? Verkauften die Oberhirten den Menschen damals nicht gerade diese Formen schlimmster Ausbeutung als Dienst am Heil? *Zahlten nicht schon Ihre Vorfahren, um ihre Seligkeit zu sichern – und in Wirklichkeit das Wohlleben höherer Kleriker zu finanzieren?* Wo blieb das viele Geld? Trieb die Kurie Mißwirtschaft? Verpraßten es die Hirten? Verteilten sie es gar an die Armen der Welt? Papst Paul VI. versäumte nicht, den Glauben der Menschen in die letztere Richtung zu weisen. Klagte er, der persönlich eine Suite von 13 Zimmern bewohnte und sich einen Garten auf dem Dach seines Palastes anlegen ließ, über den chronischen Geldmangel im Vatikan, so erinnerte er an den »mißlichen Umstand..., daß die Kirche der materiellen Mittel ermangelt, die sie für ihre Werke der unbegrenzten Wohltätigkeit und Barmherzigkeit braucht«[102]. Vielleicht war er wirklich in Not, und auch die reichlichen Geldspenden, die bundesdeutsche Bischöfe ihrem Chef überbrachten, halfen nicht weiter. Zumal die Welt aufgehorcht hatte, als eine Schlagzeile erschienen war, die den bitterarmen Souverän des Vatikanstaates zutiefst hatte erschrecken lassen: »Erzbischof betrog Papst Paul um 752 Millionen.«[103] Wo derart betrogen werden kann, muß genügend Masse vorhanden sein.

Gehen Sie dem Argument auf den Grund, die Kirche halte ihre Dienste stets bereit und die Menschen brauchten nur zuzugreifen, merken Sie schnell, daß es nicht redlich ist. Zwar stimmt es, daß Sie selbst den Schwarzen Peter haben: Nutzen Sie den kirchlichen Service nicht, zahlen Sie in der Tat völlig umsonst. Doch verschweigt die Lobby listigerweise, daß sich die allermeisten Angebote der Kirche gar nicht nutzen lassen.

Zum einen haben die Zahlenden (zumal in der katholischen Kirche) keine Möglichkeit, auf Inhalte und Formen der Dienste irgendeinen wesentlichen Einfluß zu nehmen. Sie müssen nehmen, was ihnen geboten wird, oder verzichten. Zum anderen sind alle Dienste der Kirche auf Themen und Fragestellungen ausgerichtet, die sich überhaupt nicht wirksam nutzen lassen: Wie schon gesagt, sind Pfarrer alles in allem keine echte Hilfe, und die erwähnten Umfragen zeigen deutlich, daß immer mehr Menschen dies bemerkten. Was bleibt: Nur die nie Nachfragenden, denen stets alles recht ist, wie es ist, können von den Kirchenangeboten profitieren. Der Rest ist, falls er sich nicht wehrt, auf das bloße Zahlen verwiesen. *Die ganz überwiegende Mehrheit der Kirchenchristen finanziert daher, was eine Minderheit nutzt.*

Wirklicher Widerstand ist nicht möglich, solange man sich bloß innerkirchlich wehrt. Kein Wunder, daß alle bisherigen Versuche, beispielsweise das Geld innerhalb einer Gemeinde »umzuwidmen« und alternative, bessere Dienste zu finanzieren, am übermächtigen System scheiterten. Widerstand nutzt unter den spezifisch bundesdeutschen Gegebenheiten nur, wenn man dieses System aufgibt und die Kirche verläßt. *Nur so ist gewährleistet, daß Sie mit Ihrer Kirchensteuer nicht irgendeine Seelsorge mitfinanzieren, von der Sie nichts haben.*

Die Lobby schreit spätestens an dieser Stelle auf. Denn kommen noch mehr Menschen auf solche Gedanken, zehrt der Massenaustritt an der finanziellen Substanz des Kirchensystems. Daß Kleriker lamentieren, ist freilich nicht neu; die Klage wirkt aber nur auf jene, die nicht informiert sind. Schon 1954 jammerten Oberhirten, die Kleine Steuerreform brächte sie an den Bettelstab. Zur Entschädigung durften sie seinerzeit den Hebesatz der Kirchensteuer in verschiedenen Bundesländern höherschrauben.[104] Und so ging es weiter. Im Zug der Steuerreformen der letzten Jahre wurden pünktlich die Klagen laut, die Kirchen nähmen weniger ein als bisher und sähen sich bald gezwungen, wesentliche Abstriche an ihrer Tätigkeit vorzunehmen. Prompt ergab eine Allensbacher Umfrage von 1986, daß 55 Prozent der Befragten von einer realen Einbuße der Kirchen ausgingen und nur 20 Prozent gegenteiliger Ansicht waren.[105]

Die 20 Prozent waren im Recht: Durchschnittlich nahmen die Kirchen – nach Auskunft der Bundesregierung – seit 1970 jedes Jahr sieben Prozent mehr an Kirchensteuern ein. Dieser Anstieg übertrifft die entsprechenden Lohnkostenzuwächse und Inflationsraten.[106] *Sprechen Sie einmal mit Ihren Arbeitskollegen und den Kirchgängern von nebenan über dieses Mißverhältnis!*

Der Löwenanteil der Kirchensteuereinnahmen geht, daran lassen die kirchenamtlichen Aussagen keinen Zweifel, an das Bodenpersonal. Unter dem Namen »Allgemeine und besondere Seelsorge« verbirgt sich die Finanzierung jener Dienste, von denen ich sprach. Was die Bistumsleitungen kosten, kann sich ebenso sehen lassen: Ein Vergleich in Berlin von 1989 ergibt für »Bischof und Domkapitel« 706 000 DM, für »Weltmission« 32 000 DM.[107] Das ist ein Verhältnis von sage und schreibe 22:1.

Ob der Dienst, den Domherren der Allgemeinheit leisten, wirklich so viel höher einzuschätzen ist? Die betroffenen Herren mögen es anders sehen, doch ist den Kirchensteuerzahlerinnen und -zahlern nur schwer verständlich zu machen, daß sie die höheren Kleriker mitfinanzieren sollen. Auch ist es nicht jedermanns Sache, sein gutes Geld so verwendet zu sehen, wie es die kirchliche Werbung möchte: Eine Gruppe katholischer Verlage offeriert beispielsweise 1991 zum liturgischen Gebrauch ein Meßbuch mit Marienmessen in einer kostbaren Lederausgabe zu 780 DM, in einer Pergamentausgabe zu 860 DM (Handarbeit, Lieferfrist bis sechs Wochen).[108] Eine Mannheimer Firma bietet Opferbrote an, die nach kirchlicher Vorschrift hergestellt sind und sich als Brothostien mit »35 Millimeter Durchmesser für Laien« und mit »65 Millimeter für Priester« entpuppen.

Wenn Sie selbst nie zum Abendmahl gehen, wird es Sie nicht interessieren, was dieses kostet. Doch Sie zahlen Woche für Woche für andere mit! Wohin das meiste Geld fließt? Es ist eine Frage der Lebensanschauung, ob ein Mensch beispielsweise die Gewänder der Kirchenfürsten schätzt und dafür zu zahlen bereit ist. Nur sollte er in diesem Fall so redlich sein, diese Vorliebe nicht auf irgendeinen Glauben zurückzuführen oder in diesem Zusammenhang von Reform zu sprechen. Veränderte sich denn etwas? Tragen Kirchenfürsten keinen Purpur mehr, keine Schleppen, keine goldenen Kreuze und Ringe? Gibt es keine Hochwürden, keine Exzellenzen und Eminenzen, keine Heiligen Väter mehr? Ein Blick in den kirchlichen Alltag oder eine Durchsicht der in Deutschland geltenden Kirchenverträge und Gesetze sagt mehr über die konkrete Kirche aus als jedes Evangelium.

Gewiß kostet jeder personalintensive Dienst Geld. Kein modernes Unternehmen, das sich auf Dienstleistungen spezialisierte, darf diese Tatsache verkennen. Allerdings wäre jede Firma sehr schnell pleite, nähme sie nur das Geld ein, ohne wirkliche Dienste zu leisten. Ungenutzten und unzeitgemäßen Service läßt sich allein die Kirche bezahlen. Ihr Angebot steht, auch wenn es nurmehr von Minderheiten angenommen wird. Sie hat nicht das geringste Interesse, diesen Zustand zu ändern und beispielsweise all jene, die nur noch zahlen und nichts glauben, auf den Weg nach draußen zu weisen. *Wollen Sie sich zuverlässig über die Möglichkeit eines Kirchenaustritts informieren, fragen Sie keinen Pfarrer! Es wäre zuviel von ihm verlangt, müßte er Ihnen vorurteilsfrei antworten. Schließlich hängt sein Brotberuf von der richtigen Antwort ab.*

Ich müßte die Unwahrheit sagen, informierte ich Sie nicht darüber, daß sich die erwähnte Methode der Kleriker seit eh und je in Mark und Pfennig lohnte – und daß sie sich noch lange rentieren wird, wenn Sie selbst nicht die nötigen Konsequenzen ziehen. Zahlten deutsche Kirchensteuerzahler noch 1963 rund 2,4 Milliarden in die Kassen der Seelsorger, waren es 1970 schon 3,98 Milliarden, 1980 dann 9,33 Milliarden und 1990 satte 14 Milliarden DM. Vor 1907 kassierten die Kirchen durchschnittlich zwei bis drei Mark pro Kopf, 1964 waren es bereits 45 DM – und heute liegt der Pro-Kopf-Anteil bei etwa 250 DM.

Solange freilich die Kirchen, in deren Taschen die Milliarden fließen, damit argumentieren, der Dienst an den Seelen sei teuer und könne kaum um Gotteslohn geleistet werden, werden sie sich mit ruhigen Gewissen weiterbedienen. Schließlich bieten sie, wie sie sich selbst bestätigen, als Gegenleistung den »sicheren Halt« in Gesetz und Ordnung, Glaube und Sitte an. Wer sich damit zufrieden gibt, ohne die Alternativen ernst zu nehmen, möge ähnlich ruhigen Gewissens weiterzahlen. Er füllt damit die Kassen so zuverlässig wie all jene, die zwar noch immer zur großen Zahl der statistisch Kirchengebundenen zählen, denen jedoch der Glaube ihrer Kindheit längst abhanden kam.

Auf der Masse der Zahlenden ist gut ruhen. Die Seelsorger kümmern sich um die Ihren, und die Nicht-Praktizierenden bedürfen keiner besonderen Sorge. Erst wenn Fragen aufkommen, die der Organisation gefährlich werden könnten, werden Masse, Lehre und Geld in eins gesetzt. Dann zählen die »Abständigen« wieder. Dann muß die Zahl herhalten, dann wird der Glaube mobilisiert, das große Geld eingesetzt. Doch sind die beiden erstgenannten Größen reine Täuschung. Weder ist die Zahl der Bekennenden gesichert noch der einheitliche Glaube. Allein gesichert ist die Kasse, die sich mit der großen Zahl und dem großen Glauben füllen läßt. Um diesen Bestand nicht zu gefährden, lohnt sich das klerikale Klagen. Begründet ist es, wie gesagt, nicht: Steuergelder, Spenden und Subventionen fließen nach wie vor weiter.

Ihr Argument für den Austritt: Schauen Sie einmal auf Ihrer Lohn- oder Gehaltsabrechnung nach oder fragen Sie Ihren Steuerberater, wieviel Sie Monat für Monat an Kirchensteuer zahlen. Vergessen Sie auch das Weihnachtsgeld nicht, bei dem diese Steuer kräftig zuschlägt! Sie werden schnell feststellen, daß das Preis-Leistungsverhältnis nirgendwo so wenig stimmt wie bei den Kirchen. Und zahlen Sie soviel Kirchensteuer, daß sie sich einen eigenen Pfarrer leisten könnten, sind Sie also Spitzenverdiener, können Sie zwar mit den Kirchen einen eigens ermäßigten Steuersatz aushandeln. Doch sparen Sie noch mehr, wenn Sie gleich austreten. Die Kirchen verkraften den Verlust.

Können Sie auch an Gott glauben, wenn Sie kein Bodenpersonal mehr bezahlen?

Wußten Sie, daß die medienwirksamste Kirchenkritik nur einen perfekt zu vermarktenden Modus sucht, Kirchengebundene durch Uminterpretation bestimmter Gesetze und Glaubenslehren in der Kirche zu halten? Wirkliche Hilfe zur Selbsthilfe bietet keine solche »progressive« Theologie.

»Glauben Sie an Gott, Herr Professor?« Der Angesprochene[109]: »Der Glaube an Gott kostet mich 16 000 Mark im Jahr. Ich zahle diese Summe, um mir zweimal im Jahr die Matthäuspassion anhören zu können, das größte Konzert der Welt. Natürlich kann man das billiger haben, aber ich glaube, man kann da einfach nicht austreten. Ich wäre es vielleicht schon längst, wenn es dieses Stück nicht gäbe.«

Deutschlands bekanntester Musikkritiker zahlt eine Menge Geld, um sich ein Meisterwerk anhören zu können. Was die Ausgabe von 8000 DM pro Konzert mit Gott selbst – oder nur mit dem Glauben an ihn – zu tun hat, weiß der Professor nicht zu sagen. Auch sagt er nicht, weshalb er einen Umweg geht: Bach wäre schließlich auch zu vernehmen, wenn eine Eintrittskarte gelöst würde (für den Musikkritiker ohnedies kostenlos). Muß man aber, um in den Genuß des Kunstwerks zu kommen, gleich eine ganze Kirchenorganisation mitfinanzieren? Kann man das wirklich nicht billiger haben? Wie wäre es, der Musikkenner investierte die 16 000 DM Jahr für Jahr in jene Armen, die sich nie den Genuß einer Matthäuspassion genehmigen können, weil sie das Geld fürs Überleben brauchen?

Der Professor gibt zu, er wäre schon längst ausgetreten, »wenn es dieses Stück nicht gäbe«. Ob das Argument wenigstens Musikkritikern einleuchtet? Immerhin finden sich Komponisten, die – Mozart, Schubert, von den modernen gar nicht zu reden – Meisterwerke komponierten, ohne je an die Kirchenfrömmigkeit des

Schöpfers der Matthäuspassion heranreichen zu wollen. Nebenbei: Spielen dem Hörensagen nach die Engel Mozarts Werke, um
Gott zu erfreuen, darf angefragt werden, ob dieser Gott nicht
schon zu Lebzeiten Mozarts ein wenig mehr für diesen hätte tun
müssen...

Ich lasse das Thema. Schließlich behaupte ich nicht, auch nur im
entferntesten soviel Genaues über Gott zu wissen, wie dies die
Schultheologen behaupten, die bis ins Detail hinein erklären können, wie Gott sein müßte, wenn es nach ihnen ginge. Ich bin da
– sehr vielen geht es gleich – zurückhaltend. Ich halte es mit der
uralten Tradition, die lehrt, man solle sich von Gott kein Bild
machen. Freilich verstehe ich die Theologen: Sagten sie nicht
konkret, wie sie sich ihren Gott vorstellen, verlören sie ihren Beruf. Dies haben sie mit den Päpsten und Bischöfen gemeinsam.
Was wäre wohl mit der Kirche, wenn sie nicht für ständigen Nach-
schub auf dem Gebiet der Gotteslehre sorgte? Das Prinzip, Angst
und Hoffnung zugleich zu machen, den Menschen Sorgen, Ängste und Nöte einzureden und sich anschließend als Nothelfer an-
zupreisen, ist ja nicht unbekannt.

Theologie ist auch eine Form von Therapie für Krankheiten und
Bedürfnisse, die es ohne Kirche gar nicht gäbe. Taten Kirchendiener je etwas für die Welt? Oder befriedigten sie nur die Bedürfnisse der eigenen Seele – und die jener Seelen, die sie auf Religiöses
nach Kirchenart eingeschworen hatten? Was Jesus gewollt haben
dürfte, die Verwandlung aller in neue Menschen, ist als Ziel der
Kirchen längst aufgegeben. Die ethischen Forderungen verblaß-
ten, und die Menschen brauchten sich nicht zu ändern, zumal sie
sahen, wie wenig neue Menschen ihre Oberhirten waren und
sind. Die Strukturen einer lebensfeindlichen Welt blieben nicht
nur, sondern wurden von dieser Kirche in ihrer Unmenschlich-
keit noch verstärkt. Die Kirche ist damit nur eins: das Spiegelbild
einer Welt herrschender Männer. Stand sie je für Befreiung, für
die Zerschlagung der Herrschaft von Menschen über Menschen?
Die Menschen, einer Herrschaftsorganisation ohne Beispiel unterworfen, täuschten sich zutiefst in der Kirche. Immer mehr von
ihnen ziehen ihre Konsequenzen.

90

Ungleich weniger konsequent sind beispielsweise jene akademischen Kreise, die sich scheuen, den eigenen Unglauben offen zuzugeben. Veröffentlicht ein deutscher Hochschullehrer ein nicht nur kirchenkritisches, sondern ein bibel- und religionskritisches Buch, so begeht er einen »Tabu- und Kommentbruch«.[110] Der Freiburger Psychologe Franz Buggle wußte daher, was er tat, als er die ungeschriebene, aber sehr wirksame Verhaltensregel brach – und Gründe angab, weshalb »man redlicherweise nicht mehr Christ sein kann«. Solche Radikalität bleibt kaum ungestraft: Sie hält sich nicht bei dem üblichen bißchen Kritik an Äußerlichkeiten der Kirche auf, die jedermann gern zugibt (die Bischöfe an vorderster Stelle, hinter vorgehaltener Hand). Sie überschreitet die frommbürgerliche Grenze. Sie hält nichts von der Methode, ein wenig »metaphysisches Gruselgefühl auf evangelischen oder katholischen Akademietagungen« aufkommen zu lassen, »aber bitte nur soweit, um letztlich und schließlich doch wieder an den warmen Ofen kirchlicher Gläubigkeit zurückfliehen zu können«[111].

Wer nicht nur mit der Möglichkeit des Auszugs aus liebgewordenen religiösen Gehäusen spielt und bloß Barrieren beiseite schiebt, die vor der »wahren Kirche« liegen, um sich dann befreit dem Wesen zu nähern, hat es nicht leicht. Daher machen sich die Theologen auch mit derlei nicht die Hände schmutzig. Sie wissen, was sie ihrer Kirche – und einem entsprechend aufgeklärten Publikum – schuldig sind. Es sind Theologen, die von Fall zu Fall und von Konjunktur zu Konjunktur auftauchen und ihr Süppchen auf dem Feuer der Kirchenkritik kochen. Es ist nicht erstaunlich, wie diese Denker vorgehen. Wundern kann man sich nur darüber, wieviele Menschen ihnen noch immer auf den Leim gehen.

> **Möchten Sie die bisherige Kirche nur gegen die einiger Theo-**
> **logen eintauschen oder gleich ganze Sache machen? Ich neh-**
> **me an, daß Sie zunehmend die Tricks jener durchschauen, die**
> **uralte Antworten nur modischer verpacken – und selbst nicht**
> **die einzig richtige Konsequenz ziehen und eine Kirche verlas-**
> **sen, die ihnen nichts mehr bedeutet. Überlegen Sie daher ge-**
> **nau, ob Sie auf halbem Weg stehen bleiben wollen!**

Vielleicht reicht die Überlegung aus, die eine französische Zeitung im April 1992 aus gegebenem Anlaß anstellte: »Man fragt
sich manchmal, warum systematischen Kritikern ... so daran gelegen ist, in der Kirche zu bleiben, während sie kein Wort mehr
von dem glauben, das zu lehren sie ausgebildet wurden. Die Antwort ist einfach: Sie verlören ihre Zuhörerschaft... Wenn sie zu
einem gewöhnlichen Philosophen oder Moralisten reduziert würden, dann würden sie kaum noch jemanden interessieren. Die
Kirche verzehnfacht ihre Zuhörerschar. Und sie danken ihr dafür,
indem sie aus der christlichen Wahrheit die göttliche Substanz
herausziehen, die sie enthalten soll. Sie lehnen die Dogmen nicht
öffentlich ab. Sie stopfen sie aus, und wenn man sich beklagt,
dann prangern sie die Verfolgung an.«[112]
Kirchenkritik dieser Art hat Methode. Die sie beherrschen, können sich nicht nur erfolgreich-erfolglos an einem Dogma rei-
ben[113], sondern ihrem Publikum suggerieren, sie wüßten einen
Weg in die Zukunft, der zum einen die Kirche der Päpste und
Bischöfe links liegen läßt – und zum anderen ein »wirkliches Heil«
bietet. Warum dieses? Kirchenkritiker der beschriebenen Inkon-
sequenz wollen ja gar nicht die Institution aus den Angeln heben.
Sie treffen diese beispielsweise nie in der Wurzel, sondern wollen
sie nur etwas weniger verwundbar machen: Daher sind sie so
schnell bereit, immer wieder dieselben Reformen anzuregen (Geburtenkontrolle, Zölibat) oder nach einer gewandelten Dogmen-
Deutung zu rufen: Die Jungfrauengeburt zum Beispiel muß nur
etwas geschickter interpretiert und die Unfehlbarkeit vom Papst
ein wenig menschenfreundlicher praktiziert werden, dann stimmt
schon wieder alles im Pferch. Von Nebensächlichkeiten wie dem

Geld der Kirche sprechen hochdotierte Theologen ohnehin nicht. Auch sie sägen nicht den Ast ab, auf dem sie sitzen.

Was sich seit Jahren vor unseren Augen abspielt und von den Medien als jeweils neuester »Fall« vorübergehend »am Kochen« gehalten wird? Das rein innerkatholische Streitgespräch[114], ein Gezänk im abgeschlossenen Denkgetto, ein Austausch von Spitzfindigkeiten unter Denkern, die einer Sektenmentalität verfallen sind (und aus dieser ihren Gewinn ziehen). Nutzten diese Diskussionen je der Mehrheit, brachten sie auch nur einmal nachweisbare politische oder gesellschaftliche Erträge? Kümmerten sie sich um die tatsächlichen Probleme der Menschen? *Wieviel nützt Ihnen persönlich der Streit um die Frage, ob sich die Jungfräulichkeit Marias bloß biologisch verstehen lasse oder nicht?* Haben Theologen nichts Besseres zu tun? Die Progressiven unter ihnen, die sich über Jahrzehnte hinweg für jedes konsequente Handeln zu schade sind, kaprizieren sich auf »schonsame, ja fürsorgliche Angriffe«[115] auf Dogmen und Moralsätze ihrer Kirche, nicht um sie »zu entlarven, sondern weniger angreifbar zu machen«. Sie machen vergessen, daß die übrigen Dogmen, Rechtssätze und Morallehren genauso unlogisch, widervernünftig, absurd und historisch-kritisch zu widerlegen sind. Wer aber nur sein Lieblingsdogma herausgreift und es dem Publikum »reformiert« interpretiert, der kennt entweder keine Kirchengeschichte – oder keine Redlichkeit. Er betreibt, wirksamer als der finsterste Reaktionär im Pferch, den »Fortschritt« der Kirche. Er setzt sich, zweihundert Jahre nach Aufklärung und Revolution, hundert Jahre nach Nietzsche, mit längst beantworteten Fragen auseinander. Er kassiert nicht nur viel Geld dafür, sondern gilt auch ringsum als verfolgt. Obwohl er nur eine systemstabilisierende Kraft darstellt – und seiner Kirche denn auch nicht wirklich gefährlich wird.

Jüngstes Beispiel: Eugen Drewermann, momentan der geläufigste Fall, verlangte zu Ostern 1992 die Abschaffung der Kirchensteuer. Das Postulat ist nicht eben originell oder gar neu; andere erhoben es vor Jahrzehnten und überlegten sich, als Experten, auch die Modalitäten. Bezeichnend ist an dem Vorschlag nur, daß Drewermann, der sich bisher scheut, die Kirche zu verlassen, allen Ernstes glaubt, ohne solche Einnahmen sei die Kirche zu Reformen gezwungen. Zu welchen, bitte? Etwa zu solchen, die diese Kirche bereits in den Ländern, zum Beispiel im Vatikan, verwirklichte, die gar keine Kirchensteuer kennen? Also zu keinen? Verständlich, daß nur eine Minderheit derer, die aus der Kirche austraten, sich auf ähnliche Theologien beruft.[116]

Warum ich keine einzige bundesdeutsche Theologie ernst nehme? Weil sie mir nie die Wirklichkeit erklärt. Ich vernähme gern einmal ein Wort über die Millionen Menschen, die die Kirche forderte und fordert, über die Vereinbarkeit dieser Blutschuld mit der jeweils neuesten Theologie aus der Schreibstube des progressiven Professors. Ich hörte gern einmal eine radikale Kritik, die sich nicht nur mit dogmatischen Randerscheinungen befaßt und alle Oberhirten deswegen gut schlafen läßt. Ich bin auf eine Auseinandersetzung mit dem Wesen der Kirche oder mit Religion an sich gespannt, auf Bibelkritik in der Wurzel, auf eine Kritik an jenem Gott, den die Kirchen propagieren – und über den so gut wie nichts aus den Theologenküchen zu hören ist.

Wenn schon über Gott zu sprechen ist, dann radikal. Ich mag mich täuschen, aber ich meine, mit Gott solle man keine halben Sachen machen. Schließlich wird von ihm berichtet, er liebe das Ja oder das Nein, doch nicht das Halbgare, Unentschiedene, Laue.[117] Vielleicht ist ihm, wenn überhaupt, der entschiedene Gegner wegen dessen Ehrlichkeit lieber als der lavierende Christ. Im übrigen: Wer nie die Hand gegen Gott erhob, wird auch für ihn kaum eine rühren.

Wer sich ständig eine Hintertür offenläßt und die heutige Theologie braucht, um sich eine Rückzugsmöglichkeit zu sichern, mag mit sich selbst zurechtkommen. Ich hingegen weiß wie viele andere, weshalb ich aus der Kirche austrat. Ich gebe dieser Organisation nicht die geringste Chance. Und ich rede nicht um den heißen Brei herum: Nicht nur die unsäglichen Glaubenssätze und Morallehren der Kirche sind nicht mehr durch irgendwelche Umdeutungen zu retten, sondern auch die Bibel ist ein zutiefst »gewalttätig-inhumanes Buch«[118], voll von Aggressionen jeder Art.

Noch mehr: Ich glaube auch nicht an den Gott, den dieses Buch und die Kirchen vorstellen. Sooft ich – überall in der Bundesrepublik – mit Menschen zusammentreffe, bekomme ich die Gretchenfrage gestellt, ob ich, aus der Kirche ausgetretener Mensch (und ehemaliger Priester), »wenigstens« noch an Gott glaube. Ich scheue die Antwort nicht.

Über den persönlichen Glauben derer, die die Kirchen besuchen, oder gar über den, welchen die progressiven Theologen sich zurechtlegten, kann ich nicht urteilen. Zwar habe ich da meine Vorbehalte (und auch ein bißchen Erfahrung), doch ist das deren Sache. Ich erfahre freilich, daß es sehr viele Menschen gibt, die auch an Gott glauben, ohne noch immer das kirchliche Personal aushalten zu wollen. Und ich weiß auch, daß es viele Menschen gibt, denen in ihrem Leben Gott am allerwenigsten zum persönlichen Glück fehlt.

Wie ich es selbst damit halte? »Ihr sollt euch kein Bild machen von eurem Gott!« (2 Mose 20, 4). Eigentlich sprach selbst der biblische Gott deutlich genug. Aber wenn sein Wort aufs Wort befolgt würde, wären nicht nur alle Kirchen so leer und nüchtern weißgekalkt wie manche Bethäuser, in denen sich die strengeren Richtungen wohlfühlen. Auch die Großkirchen und ihre Theologen bekämen ihre Schwierigkeiten. Was stellen sie schließlich anderes her als Bilder von Gott?

Die Reihe der still vergessenen und der amtlich wegdiskutierten Gottesgebote ist lang.[119] Ich halte mich nicht damit auf. Mir genügt, daß Jesus diese Entwicklung vorausgesehen zu haben scheint: »Nicht Herr, Herr sollt ihr sagen, um ins Reich Gottes zu kommen, sondern den Willen Gottes tun!« (Mt 7, 21). Allein dieses Wort böte bleibende Beschäftigung...

Auf einem solchen Hintergrund kann man nur zornig werden, wenn man erfährt, daß zum »Jahr der Bibel« 1992 einige Christen sich daranmachen, den gesamten Text der Bibel abzuschreiben (ein Projekt, das Wochen Arbeit macht).[120] Auch jener münstersche Kaplan, der die 1500 Kilometer lange Strecke zum Vatikan auf Rollschuhen zurücklegen will und »hofft, den Papst dadurch so stark zu beeindrucken, daß er von diesem zu einer Audienz vorgelassen wird«[121], ist von allen guten Geistern verlassen. Wissen Christen nichts Besseres mit ihrer Zeit anzufangen, als Schreibübungen zu machen oder auf Rollschuhen nach Rom zu fahren? Berührt sie schon nicht das millionenfache Leid der Welt, so könnten sie doch in ihrer nächsten Umgebung etwas zum Besseren wenden helfen!

Aber da es nun schon einmal um ein Gottesbild geht: Ich befasse mich nicht mit Gott in einem philosophischen Sinn. Gottesbeweise jeder Art sind mir verdächtig. Ich gehe davon aus, *daß sich weder die Existenz eines Gottes beweisen läßt noch seine Nichtexistenz.* Was sich freilich nachweisen läßt, ist die Tatsache, daß die christlichen Kirchen einen bestimmten Gott verbindlich vorstellen. Dieser aber schuf meiner Meinung nach nicht etwa »den Menschen nach seinem Bild«. Vielmehr wurde er selbst von Menschen geschaffen.[122]

Diese Ansicht ist nicht neu. Präzisere Angaben macht die neuere feministische Theologie (von der manche erst in diesem Moment erfahren): Nicht der Mensch, sondern der Mann erschuf sich seinen Gott. Für die herrschende Männergesellschaft, zu der er paßte. Aber auch dieser Satz erscheint mir nur vorläufig. Denn er geht von einer unrichtigen Übersetzung des Begriffes Patriarchat aus. Dieses nur mit Männergesellschaft wiederzugeben, verkennt die jahrhundertealte Definition. Patriarchat bedeutet die Herrschaft der Väter.[123] Die religiöse Tradition nahm diesen Begriff sehr ernst. Während sich Philosophen und Metaphysiker mit Gott herumplagten, blieb die Kirche beim Vater.[124]

Wer bei der Männergesellschaft stehen bleibt, kann nicht erklären, warum der Gott der Christen nicht nur als Gott vorgestellt wird und schon gar nicht als Mann, sondern als Vater – und als ein lieber Vater. Zwar sprechen die Theologen auffallend selten von dieser Wesensaussage ihrer Religion (da offenbar »Jesus« mehr hergibt), doch bestritt noch niemand, daß Gott ein Vater ist und die Liebe. Warum aber ist das so? Zum einen entspricht das Bild Gottes als eines Vaters bis ins Detail hinein der herrschenden Gesellschaft. Wo Väter regieren und alle Nicht-Väter, die Frauen und Kinder, unter sich plazieren, ist es unvorstellbar, daß ausgerechnet die höchste Instanz kein Vater ist.[125] Zum andern gehört »Liebe« notwendig zu jedem patriarchalen Herrschaftssystem.[126] Sie erfüllt eine wichtige Funktion: Sie deckt die Gewalt und kaschiert sie. Und sie sichert und schützt Herrschaft, indem sie die Ausübung von Gewalt abdeckt. Gewalt braucht nicht nackt aufzutreten, wo die Liebe alles zudeckt.

Auf Kirche, Religion und Gott bezogen heißt dies: Gerade wenn die Herrschenden verbindlich lehren, Gebote erlassen oder Sünden anprangern (Gesetzesverstöße!), müssen sie – um ihren Anhang nicht früher oder später zu verlieren[127] – Liebe, Gnade, Erlösung, Zuwendung anbieten. Freilich ist diese Liebe nur jenen zugesagt, die sich dem Gewaltsystem unterwerfen. Kein Kirchengott kennt Erbarmen gegen die unbußfertigen Sünder, er wendet sich dem verlorenen Sohn nur zu, falls dieser zu ihm zurückkommt.

Jener Kirchengott, der als letzte Instanz für Moral, Gesetz und Ordnung gepredigt wird, ist ein »lieber Vater«. Das muß so sein, denn Liebe gehört zu jedem Gewaltsystem. Ohne die entsprechend zugeschnittene Liebe kann sich keine Herrschaft behaupten. Ausnahmen kennt die Bibel nicht. Sünde verlangt Strafe, und eben diese Strafe wird als Liebe gedeutet. Denn »wen der Herr liebt, den züchtigt er« (Spr 3, 12). Der Vatergott, den sich die Patriarchen dieser Erde zurichteten, stellt gerade in der ihm zugeschriebenen Vollkommenheit eine wenig perfekte Schöpfung dar. Ihm fehlt jeder Abstand zum Denken seiner Väter.[128] Gottvater belohnt stets die Leistung, die ihn schuf: die siegreiche Tüchtigkeit der als »gut« Beschriebenen. Er schaut auf Gehorsam (hundertfache Beispiele in der Bibel), auf Ehre und Ehrfurcht – und er belohnt mit Liebe. Nirgendwo im Alten oder Neuen Testament und nirgends in der kirchlichen Lehre oder Seelsorge ist davon die Rede, daß auch die unversöhnten Menschen endgültig einen Platz bei Gott bekämen. Ein Belohner und Rächer als Gott ist was für Kanaillen, meinte Voltaire.

Und der Allmächtige? Der nicht fähig – oder, schlimmer, nicht bereit – erscheint, jedes Lebewesen in gleicher Weise glücklich zu machen oder auch nur unter denselben Chancen leben zu lassen?

Aus dem Brief eines aus der Kirche Ausgetretenen an seinen ehemaligen Hirten, der ihm seinen »Schmerz« über den Austritt mitteilte[129]: »Sie wünschen mir, Gott möge mich behüten, ich aber *weise jede Behütung eines ›Allmächtigen‹ von mir, der offensichtlich nicht willens ist, seine Behütung jedem und allem zukommen zu lassen...«*

Trifft der Schreiber nicht einen Wesenszug des lieben Gottes? Dessen Stellvertreter erklärten zwar aller Welt, weshalb sie selbst Anspruch auf Ehrfurcht und Gehorsam haben. Doch sie begründeten beispielsweise nie, weshalb viele Menschen sorglos leben dürfen, die überwiegende Mehrheit der Weltbevölkerung aber in größter Not vegetieren muß. Ein armseliger Gott, der solche Repräsentanten braucht.

Waren Sie, wenn Sie es recht überlegen, je mit der Kirche – und deren Gott – zufrieden? Oder fanden Sie bisher nur noch keine bessere Alternative? Erfreuen Sie sich an den kirchlichen Riten – und halten Sie diese gar für originell, rate ich Ihnen zu Heinrich Heine: »Sehen Sie..., jede Bewegung, die Sie hier erblicken, die Art des Zusammenlegens der Hände und des Ausbreitens der Arme, dieses Knicksen, dieses Händewaschen, dieses Beräuchertwerden, dieser Kelch, ja die ganze Kleidung des Mannes, von der Mitra bis zum Saume der Stola, alles dieses ist altägyptisch und Überbleibsel eines Priestertums..., das die erste Weisheit erforschte, die ersten Götter erfand, die ersten Symbole bestimmte und die junge Menschheit... zuerst betrog...«[130]

Ich weiß nicht, wie Sie mit dem Kirchengott zurechtkommen. Stellten Sie sich je die Frage? Vielleicht dachten Sie nie über ihn nach. Doch wenn Sie sich auch nur ein wenig Zeit nehmen, fragen Sie sich: Halte ich einen Gott für die bessere Wahl, bei dem die Gleichung nicht heißt »Hiebe statt Liebe«, sondern »Hiebe sind Liebe«? Der Menschen straft, *weil*, nicht *obwohl* er sie liebt? Der seine Leute liebt, vorausgesetzt, sie glauben an ihn? Ein Gott, der mit der Hölle drohen läßt, wenn seiner Liebe endgültig nicht mehr geglaubt wird?

Was nur kann einem Gott daran liegen, all seine Geschöpfe ausgestreckt vor sich liegen zu sehen, sie mit Weihwasser und Weihrauch hantieren zu lassen, sie von anderen Menschen, die hin und wieder eine Bischofsmütze aufsetzen, betreut zu wissen? Ein Gott, der von Untertanen geliebt sein will? Ein Gott ohne Stolz und Würde.

Denis Diderot (1713–1784) über das Hauptdogma des christlichen Glaubens: »*Der Gott, der Gott sterben läßt, um Gott zu besänftigen*‹, ist ein vortreffliches Wort... Hundert Folianten, die für oder wider das Christentum geschrieben wurde, ergeben eine geringere Evidenz als der Spott dieser zwei Zeilen.«

Wer von den Kirchengläubigen, von den Oberhirten zumal, bringt den Mut auf, von seinem Gott Liebesgesten zu fordern, die einmal von der Regel der Normalfamilie abweichen, in der auf Dauer auch nur die gehorsamen Kinder liebe Kinder sind? Kein gläubiger Mensch hat offenbar Mitleid mit einem Gott, der alles weiß und alles kann. Der nichts mehr vor sich hat. Der seine eigene Vergangenheit und Zukunft ist. Offensichtlich versteht kein Kirchendiener etwas von der ungeheuren Langeweile eines vollkommenen Wesens mit Namen Gott. Keiner bringt Mitgefühl auf für einen Gott, der seine Mitkonkurrentinnen und Mitkonkurrenten um die Liebe der Menschen aus dem Feld schlug. Keiner zeigt Erbarmen mit einem Gott, dessen Vorsehung sich leicht für alle verantwortlich machen läßt, dem alles zugeschoben und auferlegt werden kann.[132]

So glauben und handeln Menschen, die – nach Schopenhauer – ihre Religion nicht »auswuchsen wie ein Kinderkleid«, die nicht bemerkten, daß da »kein Halten« ist, und »es platzt«.[133] Ich schlage vor, mit solchen Leuten keine gemeinsame Sache mehr zu machen und schon gar nicht dieselbe Kirche mit ihnen zu teilen. Ihr Gott ist nämlich »eine faustgrobe Antwort, eine Undelikatesse gegen uns Denker, im Grunde sogar ein faustgrobes Verbot an uns: ihr sollt nicht denken!« (F. Nietzsche[134])

Fürchten Sie nicht den Vorwurf der »Gottlosigkeit«; er ist »die letzte Zuflucht aller Verleumder«[135]. Und wer da schreit:[136] »Dem Volke muß die Religion erhalten bleiben«, lügt; gemeint ist: »Das Volk muß der Religion erhalten bleiben.« Sie brauchen sich jedenfalls des eigenen Bildes nicht zu schamen, das Sie sich von

Gott machen. Den Vergleich mit dem offiziellen Gott, dessen Bodenpersonal[137] Sie vielleicht bald nicht mehr bezahlen wollen, hält Ihr Gott schon aus. Ich denke mir, daß Ihr Gott mehr mit der Liebe auch zu den Sündern zu schaffen hat, als der Kirche lieb sein kann.

Mag sein, daß Sie allmählich auch Vorbehalte bekommen gegen einen Gott, dessen Vertreter auf eine unvergleichlich beschämende Weise die Weltbühne betraten, nämlich als »die endlose Reihe der für das Christentum durchaus kennzeichnenden Überredner-, Überwältiger- und Vergewaltigertypen... Unduldsam, erbarmungslos, alles Lebende darniederwalzend, alles am liebsten zu sich bekehrend, missionarisierend, propagandierend, kolonisierend und den Schlaf der Erde zerstörend.«[138]

Ihr Gott mag auch nichts dagegen haben, daß Sie ihn sonntags lieber in der Natur suchen als in den festen Häusern, in die die Kirche Sie zwingt, damit Sie Ihrer Sonntagspflicht nachkommen.[139] Immerhin könnten Sie einen Kirchengott hinterfragen lernen, dessen Gläubige seit Jahrhunderten ihre Kräfte, ihre Geldmittel und ihren Fleiß darauf verwandten, ein riesiges Aufgebot an Kirchenbauten zu errichten – und dabei die Hälfte ihrer Mitmenschen verhungern ließen, um dies zu erreichen...[140]

> **Ihr Argument für den Austritt:** Statt auf die jeweilige Modetheologie zu vertrauen, bilden Sie sich am besten Ihr eigenes Urteil über Gott. Vielleicht rechnet Ihr Gott Ihnen die Sorge um einen kranken Nachbarn oder um ein leidendes Haustier höher an als das pünktliche Zahlen von Kirchensteuern. Er wird auch nichts dagegen haben, daß Sie sich lieber um sauberes Grundwasser kümmern, als sich noch länger an der Finanzierung jener 96 000 DM zu beteiligen, die Jahr für Jahr für Altarkerzen und Meßwein im Rahmen der bundesdeutschen Militärseelsorge draufgehen.

Müssen Sie unbedingt in der Kirche bleiben, um Gutes zu tun?

Wie mögen Sie auf das reagieren, was Sie bisher erfuhren? Wollen Sie schon persönliche Folgerungen ziehen – oder lassen Sie alles weiterlaufen, auch wenn es Sie offensichtlich in die falsche – oder zumindest in eine unsympathische – Richtung führt?

Noch immer gründen viele persönliche Werte und Wertentscheidungen auf der christlichen Religion, vor allem in den Formen, die die beiden Großkirchen vermitteln.[1] Diese Religion wird materiell gestützt durch die Milliardenbeträge, die aus Kirchensteuern, Spenden und staatlichen Subventionen eingehen. Ihre ideelle Stütze findet sie in der Tatsache, daß sie sehr weitgehende – und mit keiner anderen gesellschaftlichen Gruppe vergleichbare – Möglichkeiten eingeräumt bekommt, sich »von der Wiege bis zur Bahre« zu betätigen. Unbestritten stellen die Groß- und Steuerkirchen hierzulande etwas vor. Viele ängstigen sich vor dieser Macht.

Betrachtet man freilich die Grundlagen und die alltäglichen Auswirkungen des Kirchenchristentums etwas genauer, kommt man ins Grübeln. Schließlich weist schon die Heilige Schrift, eine Basis des Christentums, eine Fülle extrem inhumaner Züge auf:

■ Die Aufforderung Gottes zum Beispiel, mitleidlose Eroberungs- und Ausrottungskriege zu führen und im Zuge der »Landnahme« auch vor Völkermord nicht zurückzuschrecken[2],

■ die Intoleranz gegen Andersdenkende und -gläubige,

■ die fast durchgängig zu beobachtende Attraktivität von Blut und Blutvergießen,

■ die – auch im Neuen Testament nicht abgeschwächte[3] – Androhung ewiger Höllenstrafen und -qualen,

- das Ausmalen extremer Quälereien an Ungläubigen oder an den nicht nach der Christennorm Lebenden[4],
- die Rückführung von psychischen und physischen Krankheiten auf die Besessenheit durch Teufel und Dämonen,
- die darauf aufbauende – und vom gegenwärtigen Papst bestätigte – Teufelsaustreibung[5],
- die Diskriminierung von schwächeren Bevölkerungsteilen (Frauen!) und Minderheiten (Juden!),
- die weitgehend negative Zeichnung des Menschen als sündig,
- die absolute Rechtlosigkeit des Sünders vor dem »lieben Gott«,
- die ausdrückliche Aufforderung zur Prügelpädagogik[6] und so fort.

Ist schon die Grundlage des Christenglaubens derart verderbt, kann die historische Konsequenz nicht viel anders aussehen. Kein Wunder, daß die Kirchengeschichte eine Kriminalgeschichte des Christentums[7] darstellt. Auch sie ist gekennzeichnet durch ein unsägliches und unerträgliches Ausmaß an geistigen und körperlichen Grausamkeiten. Ich kann verstehen, daß ein Christ sich angewidert von seinem Glauben und seiner Kirche zurückzieht, wenn er solches liest oder hört.

Und die sich nicht abwenden? Die flugs mit dem Argument bei der Hand sind, hier werde ein Zerrbild gemalt? Sie können (noch) nicht anders. Sie sehen zum einen nicht ein, daß ihre eigenen Theologen ein Zerrbild zeichnen, wenn sie von einer heiligen Kirche schwärmen und alles weniger Heilige als Randerscheinung abtun. Sie bleiben (bis auf weiteres) der eigenen religiösen Erziehung verhaftet.

Diese aber bedeutete, was jeder Blick in einen kirchlichen Kindergarten, eine Konfessionsschule oder ein Priesterseminar beweist, eine ständige Desinformation. Sie erlaubte es den Unterworfenen an keiner Stelle ihrer Ausbildung, unzensierte, authentische Kenntnisse über die Bibel und die Kirchengeschichte und -gegenwart zu erwerben.

Was ansonsten eine unbestrittene Forderung intellektueller Redlichkeit ist, der freie Zugang zu allen Quellen und der selbstverantwortete Umgang mit diesen, wurde den Gläubigen systematisch verwehrt. Ich wundere mich nicht, daß diese verwirrt reagieren, wenn sie auch nur von weitem an die Wirklichkeit herangeführt werden sollen. Kein Wunder auch, daß sie gewohnt sind, jedes unvertraute Bild der Kirche von vornherein als Provokation abzulehnen. Klar, daß sie sich dagegen zu wehren lernten, zunächst einmal die Texte der Bibel oder die Fakten der Kirchengeschichte und -gegenwart zur Kenntnis zu nehmen, bevor sie selbst urteilen. »Einem erst die Augen ausstechen und ihn dann führen: ob das wirklich eine Tugend ist?« (Friedrich Hebbel[8])

Wieviel Angst steckt noch in Ihnen?

> **Wußten Sie, daß das Christentum seit eh und je eine Angelegenheit von Angstbeißern ist?** Christen sind dem eigenen Anspruch nach hoffende, in Wirklichkeit in Angst gehaltene Menschen. Sie konnten, um ihre Seelen zu retten, oft nicht anders, als vom vermeintlich sicheren Pferch aus um sich zu schlagen. Sie mußten jene verfolgen, die man ihnen als »Feinde Gottes« bezeichnet hatte. Ihre Angst trieb sie dazu, allen freier Denkenden und alternativ Handelnden mit Aggression zu begegnen.

Bitte, verstehen Sie mich nicht falsch. Ich möchte zu Ihrer Information beitragen. Die Angst vor einer möglichen Entscheidung kann ich Ihnen nicht nehmen. Ich verstehe gut, daß die Augen schmerzen, wenn sie auf ein helleres Licht als üblich treffen. Was Ihnen passiert, machten sehr viele Menschen mit: »Aufklärung ist Ärgernis; wer die Welt erhellt, macht ihren Dreck deutlicher« (Karlheinz Deschner[9]).

Dem Licht standhalten oder ins Dunkel flüchten? Heim ins Reich des Wahren, Guten, Edlen, in den Pferch, wo alle Schafe sich um ihre Hirten scharen und eitel Liebe herrscht? Überlegen Sie, welche Last Sie auf sich nehmen, wenn Sie sich der Fluchtwelle anschließen und sich beispielsweise dem gegenwärtigen Fundamentalismus anschließen.[10] Diese Flucht in das Gewohnte, Unangetastete, Abgesicherte hat ihre Reize: Viele Menschen wollen einfach zurück zu einem wortwörtlich verbindlichen Verständnis der Bibeltexte und zu einem vertrauensvollen Gehorsam gegen die Hirten.

Sie versprechen sich von diesem einen sicheren Verhaltenskatalog für ihr ganzes Leben. Sie wollen nichts anderes, als endlich wieder zu wissen, wie sie leben müssen. Ob alle heimwärts, himmelwärts Flüchtenden wissen, daß diese Sicherheit eine Kehrseite hat? Daß sie – geschichtlich hundertfach bewiesen – eine Kreuzzugsmentalität zur Folge hat? Daß sie dazu führt, es allen anderen in Wort und Tat (Politik und Krieg![11]) zu zeigen, wer die Wahrheit besitzt und verteidigt? Denn jeder Fanatiker ist »ein Schuft aus Gewissensgründen« (Voltaire).[12] Jene Hirten aber, die keine Gelegenheit auslassen, Moral zu predigen, bleiben verdächtig stumm, wenn es um die kirchliche Unmoral der Vergangenheit wie der Gegenwart geht.

Man kann es bedauern, man kann schwer darunter leiden, die Wirklichkeit spricht für sich: Offenbar ließ sich der Glaube nur mit Gewalt durchsetzen und halten. Doch »welcher Mensch griffe wohl zur Gewalt, um die Wahrheiten der Geometrie zu beweisen?«[13] Seit wann hat die Barmherzigkeit, die Nächstenliebe einen Stachel? Seit wann muß sie morden?

Die Rede von »Liebe und Versöhnung« gehörte zur kriegerischen Tat.[14] Kaum predigten die Christen Christus, beschuldigen sie sich gegenseitig, Anti-Christen zu sein.[15] Der Theorie nach wollte das Christentum die friedlichste aller Religionen sein: Die Praxis machte es zur blutigsten[16], die die Erde je sah. Ihr Verständnis von Toleranz ist auf den einfachen Nenner zu bringen: »Wenn wir in der Minderheit sind, fordern wir Freiheit nach euren Grundsätzen, wenn wir in der Mehrheit sind, verweigern wir sie euch nach den unsern.«[17]

Schwache fühlen sich stärker, wenn sie auch anderen Angst machen können. Und die dümmsten Schafe wollen gern als die reißendsten Wölfe gelten (Friedrich Hebbel[18]). Auch heute haben

Christen Gründe für einen Marsch ins Getto.[19] Die Zahl ihrer Seelsorger geht alarmierend zurück. Die Stimmung unter den west-
deutschen Priestern ist »miserabel, geradezu am Punkt Null ange-
kommen«, stellt B. Merz fest, der von 1981 bis 1989 Pressereferent
im Sekretariat der Deutschen Bischofskonferenz war.[20] Kleriker
leiden denn auch »mehr als der Durchschnitt der Bevölkerung«
unter Suchtkrankheiten.[21] Doch werden die einschlägigen Zahlen
unter Verschluß gehalten. Freilich: Je bedrohlicher die Lage wird,
desto enger schließen sich die Unbelehrbaren zusammen. Noch
immer finden sie Resonanz in der Öffentlichkeit.

Theologen tun es, da sie ständig mit Himmel und Hölle hantieren, nicht unter einem bestimmten Level. Das scheint schon zu
Zeiten Diderots[22] so gewesen zu sein: »Hört man, wieviel Aufhe-
bens ein Theologe von der Handlung eines Menschen macht, der
als Lüstling von Gott geschaffen ist und der mit seiner Nachbarin,
die Gott so gefällig und anmutig machte, geschlafen hat: Könnte
man da nicht meinen, die Welt sei an allen vier Ecken in Brand
gesteckt worden?«

Doch die Angst steckt noch tief. Es muß nachdenklich machen,
daß die Zahl der entschiedenen Kritiker des Christenglaubens,
zumindest derer, die sich öffentlich dazu äußern, noch immer so
gering ist.[23] Die Tatsache, daß die meisten Menschen einfach
schweigen, ja verstummen, um sich nur nicht durch ein unbe-
dachtes Wort gegen die Kirche zu verraten, wirft ein bezeichnen-
des Licht auf die in sie gesteckte Angst. Ich erfahre immer wieder,
wie sehr sich jene, die sich eigentlich einer »Religion der Liebe«
zurechnen, vor der Wahrheit fürchten – und vor dem Bekenntnis
dieser. Wenig spricht stärker gegen die Kirche als diese Angst, die
sie verbreitet.

Menschliches Denken, Fühlen und Handeln ist offensichtlich durch solche Ängste vor irgendeiner diesseitigen oder jenseitigen Macht korrumpierbar. Menschen werden nicht so sehr durch Opportunismus oder Karrierestreben verdorben, als durch die – seit früher Kindheit eingeimpfte – Denkhemmung, offenliegende Sachverhalte anzuerkennen und die entsprechenden Folgerungen zu ziehen. Der für die meisten Menschen mögliche und der für sehr viele geradezu notwendige Kirchenaustritt wird durch solche Hemmungen behindert und verzögert. »Metaphysische Zivilcourage« (G. Anders) ist noch immer die Ausnahme: eine halbe Million Kirchenaustritte pro Jahr zählen vergleichsweise wenig.

Nicht, als sei der Tatbestand »Kirche« schwer zu erkennen oder einzusehen: Mittlerweile liegen die Beweise aus Geschichte und Gegenwart zu Hunderten vor, und keiner der betroffenen Hirten vermag sie zu widerlegen. Jeder Mensch kann sich unschwer über die Tatsachen informieren, die Quellen nachschlagen und Zeitung lesen. Niemand kann sagen, er habe es nicht gewußt – oder wissen können. Hilfreich sind allerdings nicht jene späten 68er aus Ihrem Bekanntenkreis, die es »immer schon wußten«. Leute wie diese, die die Kirchen, diese Staatsaffären, mit Sonntagsaffären verwechseln[24], lernten die Gefährlichkeit der Kirchenorganisation nicht kennen. Vielleicht bekamen sie diese nie am eigenen Leib zu spüren, vielleicht wurden sie nie getauft oder religiös erzogen.

Doch sind solche Unbelasteten nach meiner Erfahrung oft mit daran schuld, daß das Thema nicht die gesellschaftliche Beachtung findet, die es verdient. Nicht selten erlebe ich an der Universität, daß mir eine Studentin oder ein Student, komme ich auf das Problem zu sprechen, etwas gönnerhaft über das Auditorium hin auf die Schulter klopft und meint, ich hätte wohl die Neuzeit verschlafen und arbeitete alte Ängste auf (als ehemaliger Priester und so). Denn die Kirche sei doch längst tot.

Nun, fürs erste existiert der Anachronismus noch. Aus der Diskussion verschwunden ist allein jene Generation, die das Absterben der Religion für das jeweils nächste Jahr prophezeite. Mittlerweile ist sie wohl selbst zu Kreuze gekrochen. Zwar ist sie längst aus der Kirche ausgetreten (falls das denn nötig war), doch änderte sie dadurch buchstäblich nichts. Oder beseitigte sie, inzwischen im Bundestag, das Hitler-Konkordat im Lande? Bewilligte sie, inzwischen in einem Ministerium untergekommen, auch nur eine Mark Subvention an die Kirchen weniger als zuvor? Rückte sie, in den Redaktionen der Printmedien oder der Rundfunkanstalten, das Verhältnis von Staat und Kirche zurecht? Sie hatte offenbar Wichtigeres zu tun, und daher leben die Großkirchen so gut wie eh und je von unser aller Geld.

Und die Angst bleibt. Vielleicht gehören Sie nicht zu den – halbwegs glücklichen – Menschen, die aus purer Bequemlichkeit bisher den Kirchenaustritt »verpaßten«.[25] Vielleicht haben Sie wirklich Angst: vor dem Amtsgericht oder Standesamt zum Beispiel. Ein »weltanschaulich neutraler« Staat ganz konkret: Während es in Deutschland leicht ist, ungefragt in die Kirche hineingetauft zu werden, macht ein Verlassen zumindest einen Gang zur Behörde und eine protokollierte Aussage notwendig.

Vielleicht haben Sie auch Angst vor Berufskollegen oder Nachbarn. Es finden sich sogar Leute, die den Pastor fürchten, dem sie einen Austritt nicht zumuten wollen, obwohl sie ihn nicht einmal kennen – und er sie auch nicht. Und es gibt Menschen, die bekommen schlichtweg schweißnasse Hände, wenn sie sich nur vorstellen, daß ein Gott sich einmal für ihren Austritt rächen wird.

Die spezifische Angst vor dem Jenseits wird nicht selten durch eine Begegnung mit jenen hilfsbereiten Nächsten verstärkt, die unbedingt eine Seele retten wollen. Solche Leute laufen geradezu vor Hoffnungsseligkeit über, als ersetze das Glücksgefühl die Wahrheit und als sei jene Religion schon wahr, die einem ein ruhiges Leben verspricht. Die ganz und gar Überzeugten unter diesen Schönrednerinnen und Schönrednern verbergen hinter der Naivität, in der sie ihre Gründe aufzählen, jenen Fanatismus, der die einzige Willensstärke darstellt, zu der auch Schwache gebracht werden können.[26] Sie sind, wie sie selbst am liebsten betonen, geschult im Bewahren des (eigenen) Guten – und in der

Rache an den anderen. Askese, Niederkämpfen des Leibes, Krieg gegen das »Niedrige« im eigenen Körper und Verfolgung Andersdenkender bedingen sich. Selbst das langweiligste Leben wird, so Nietzsche, durch gelegentliche Schlachtfeste interessant.[27]

Angstmache ist unmenschlich. Angst anerzogen bekommen zu haben und sie einfach nicht loszuwerden, ist menschenunwürdig. Doch gegen die Angst kann niemand argumentieren. Wer sich fürchtet, ist Gegengründen nur bedingt zugänglich. Freilich können auch wieder ruhigere Stunden kommen, in denen man sich ein Herz faßt und losgeht. Hat man den Gang zur Behörde hinter sich, sieht das Leben bald ganz anders aus. Jene Millionen Bundesbürgerinnen und Bundesbürger, die die Kirche schon verließen, werden sich kaum irren.

Wer den Schritt nicht wagt, *wer der Propaganda der Prediger nicht gewachsen ist und noch immer Nachteile hüben wie drüben befürchtet, soll sich Zeit lassen.* Niemand drängt. Was ich freilich für die schlechteste, weil billigste aller Lösungen halte: Die Flucht aus dem Kirchenglauben in die noch dunkleren Gefilde der Esoterik, in Mythen und Magien, in Ersatzkirchen und obskure Sekten. All dies löst kein einziges Problem, sondern schiebt die Angst um den Sinn des Lebens in eine andere Herzensecke. Eröffnen Scharlatane ihre Zirkel, Erweckungs- und Erbauungsstunden und versprechen sie das Blaue vom Himmel herunter, die Bewältigung des Lebens, die erweiterte Erkenntnis, das gewandelte Gefühl, denken sie nur an den eigenen Profit und nie an Ihr Glück.

> **Ihr Argument für den Austritt:** Wollen Sie mit Ihrem Leben etwas anfangen, wollen Sie ein angstfreier guter Mensch sein und Gutes tun, finden Sie in Ihrer nächsten Umgebung Gelegenheit genug. Sie brauchen sich nicht um selbsternannte Erweckungskünstler zu scharen. Im übrigen wartet die Not des Nächsten überall auf Ihre Hilfe; Sie müssen nicht eigens in einer Kirche sein oder bleiben, wenn Sie da zupacken wollen.

Welches Märchen über die »Caritas« wollen Sie glauben?

> **Wußten Sie, daß die Kirchen nicht die Wahrheit sagen, wenn sie mit Einschränkungen im Sozialbereich argumentieren und diese auf eventuell sinkende Einnahmen aus der Kirchensteuer stützen? Mit der Irreführung soll Ihnen nur ein schlechtes Gewissen gemacht und der Kirchenaustritt ausgeredet werden.**

Vielleicht warteten Sie schon lange auf das folgende Argument, vielleicht haben Sie etwas Ähnliches im Ohr: Die Kirchen tun doch – mit unserem Geld – unsäglich viel Gutes, und jeder Austritt schwächt das gute Werk. Denn nehmen die beiden Steuerkirchen weniger Kirchensteuern ein, müssen sie – wie sie selbst sagen – vor allem auf dem sozialen Sektor ihre Dienstleistungen »einschränken«.[28]

Auch dies ist Angstmache. Sie spekuliert darauf, daß die alte Oma plötzlich auf die Straße gesetzt werden soll – und niemand daran schuld sein will. *Sie dürfen ruhig davon ausgehen, daß die Großkirchen nur einen geringen Prozentsatz ihrer Steuereinnahmen für soziale Zwecke ausgeben. Wer Ihnen etwas anderes sagt, lügt Sie an!*

Die Kirchen wissen, weshalb sie so argumentieren. Denn ihre Themen Gott, Jesus, Kirchenglaube sind längst nicht mehr so attraktiv, daß Geld mit ihnen gemacht werden könnte. Eine Allensbacher Umfrage ergibt hierzu ein klares Bild.[29] Nur 28 Prozent der Bevölkerung glauben, daß es einen leibhaftigen Gott gebe, 40 Prozent glauben an eine geistige Macht, 23 Prozent wissen nicht richtig, was sie von der ganzen Sache halten sollen, und 13 Prozent äußern entschieden ihren Unglauben. Das bedeutet, daß nur noch etwa ein Viertel der Befragten an jenen Gott glaubt, den die Kirchen verkündigen. Das ist keine besonders tragfähige ideelle Basis für die Zahlung von Kirchensteuern.

Ähnliches gilt für die Aussage der Befragten über die Inhalte ihres

Glaubens: Nur noch 59 Prozent halten etwas vom Begriff »Sünde«, ein Leben nach dem Tod erwarten gerade 39 Prozent, das Jenseits nehmen 31 Prozent als wirklich an, die Hölle ganze 14 Prozent. Wird nach den Themen gefragt, über die sich Katholiken gern mit einem Menschen unterhielten, der sich in Lebensfragen und Glaubensfragen gut auskennt (also nicht schon ein Pfarrer), so wollen nur 11 Prozent über Christus, den Gottessohn, diskutieren, hingegen 26 Prozent über die Frage, ob ihre Kirche die wahre sei, 28 Prozent über den Sinn des Christentums für Menschen des 20. Jahrhunderts und 31 Prozent darüber, »wie wir die Welt, in der wir leben, verbessern können«.

Auch dies ist keine solide und redliche Basis für die Kirchenfinanzierung nach dem »Modell Deutschland«.[30] Freilich entrichten noch immer etwa zwei Drittel der Bundesdeutschen Kirchensteuern. Da dies so bleiben soll, weil die Großkirchen angeblich auf diese angewiesen sind, müssen sich die Argumentationen drehen. Die Lobby wechselt einfach das Thema und hofft auf Verständnis. Sie spricht neuerdings davon, die Kirche brauche dringend unser Geld, weil sie karitative Aufgaben sonder Zahl zu erfüllen habe. Nicht von ungefähr kommen Theologen immer häufiger zu dem Schluß, das Christentum habe eine soziale Seite und Nächstenliebe sei eine zentrale Aussage wenigstens des Neuen Testaments.

Auf den ersten Blick wirkt dieses Argument stimmig. Da es ein bekannter Kunstgriff aller religiösen Agitatoren ist[31], Verheerungen und Nöte (vor allem, wenn sie durch Machtansprüche und Tollheiten der Herrschenden verursacht wurden) als »Strafe Gottes« für Sünden und ungenügenden Glauben auszugeben, bietet sich jene Kirche, die für Erlösung stehen will, gleichsam von selbst und in vorderster Linie als karitative Instanz an. Auf diese Weise lassen sich Glauben und Lieben, Diakonie und Missionstendenz am rentierlichsten miteinander verbinden. Gerade weil sich die Kirchen ansonsten völlig von der Lebenswelt ganzer Bevölkerungsschichten entfremdeten, glauben sie, damit neue Bekehrungserfolge erzielen zu können.

Eines der augenfälligsten Beispiele für diese Tendenz stellen die Schwangerschaftsberatungsstellen in kirchlicher Trägerschaft dar. Hier wird das Ziel der Missionierung von den Kirchen, besonders von der römisch-katholischen, besonders kompromißlos vertreten.[32] Da die kirchlichen Beratungsstellen ein »Angebot mit klarer Zielsetzung« vorlegen, werden sie denn auch offensichtlich von einigen Bundesländern finanziell bevorzugt.[33] In Baden-Württemberg sind von den 95 Beratungsstellen allein 75 in kirchlicher Hand; zwölf werden von Pro Familia, acht von der Arbeiterwohlfahrt getragen. In den neuen Bundesländern sicherten sich die Kirchen – bei einem Bevölkerungsanteil von höchstens 36 Prozent Kirchengläubigen[34] – von vornherein den größten Anteil an dieser Beratung[35]; nichtkirchliche Träger kämpfen mit Zulassungsschwierigkeiten.[36]

Dennoch haben die Lobbyisten ihre grundsätzlichen Nöte mit der Diakonie. Denn zum einen stimmt es nicht, daß das Neue Testament die Nächstenliebe in die Welt gebracht hat; die Forderung ist eine Anleihe bei den »Heiden«.[37] Auch hatte die Kirche während ihrer gesamten Geschichte größte Schwierigkeiten mit dem Liebesgebot: Caritas, Diakonie und Kirchenorganisation passen längst nicht so gut zusammen, wie Oberhirten dies predigen.[38] Und noch mehr: Auch die Zahlen, die unter der Hand gehandelt werden, um das Geld der Gläubigen umzuleiten, stimmen nicht.

> **Während die Mehrheit der bundesdeutschen Bevölkerung noch immer glaubt, alle kirchlichen Aktivitäten – vor allem die im Sozialsektor – würden aus den rund 14 Milliarden Kirchensteuereinnahmen finanziert, werden diese vorwiegend für den eigenen Apparat gebraucht. Was für Caritas oder Diakonie übrigbleibt, sind vergleichsweise Kleckerbeträge.[39]**

Seit die Sicht auf dieses Problem etwas klarer wurde[40], beschäftigen sich nicht nur Zehntausende Bürgerinnen und Bürger mit dem bisher zugedeckelten Thema, sondern auch viele Journalisten. Im Rahmen von persönlichen oder beruflich bedingten Recherchen kommen fast täglich neue Zahlen und Fakten an den Tag. Sie alle lassen sich auf einen gemeinsamen Nenner bringen:

Kirchliche Caritas ist zum größten Teil fremdfinanzierte Caritas oder gar keine, und den Hauptteil an den Einnahmen aus der Kirchensteuer kassieren die Seelsorger selbst.

Predigen Kirchenvertreter noch immer, ihre Organisationen zahlten aus den Steuereinnahmen Kindergärten, Altersheime und Krankenhäuser, ja, ohne ihre finanziellen und ideellen Beiträge bräche das Sozialsystem in der Bundesrepublik zusammen, wollen sie ihre Adressaten hinters Licht führen. Die vorliegenden Zahlen belegen das Gegenteil.

Sagt der Generalvikar der Erzdiözese Köln, vielfach werde der Kirche *unterstellt*, sie benötige die Kirchensteuer, um ihre Sozialarbeit zu finanzieren[41], so streut er Ihnen Sand in die Augen. Wer außer Kirchenbediensteten *unterstellte* denn bisher, die Kirchensteuer sei im wesentlichen für soziale Zwecke bestimmt? Der Prälat kommt der Wahrheit erst näher, wenn er die Mitteilung anschließt, sein Bistum helfe »in manchen Fällen«, indem es – aus Kirchensteuermitteln – einen »Zuschuß« zum Bau von Kapellen in solchen Sozialeinrichtungen leiste.[42]

Glauben Sie bitte niemandem, der Ihnen weismacht, seine Kirche finanziere mit Ihren Kirchensteuern den Kindergarten oder das Altenheim von nebenan! Die tatsächliche Lage ist genau umgekehrt. Die Großkirchen finanzieren nicht nur höchstens ein Fünftel (und meistens null Prozent!) bei den Sozialeinrichtungen in ihrer Trägerschaft. Sie lassen sich ihre Dienstleistungen auch durchweg teuer von anderen bezahlen. Die Bundesländer tragen nämlich Milliarden in die kirchlichen Kassen.[43] Damit ist unter anderem die allgemeine Regel »Wer zahlt, schafft an« auf den Kopf gestellt: Denn bezahlt wird ausschließlich aus öffentlichen Mitteln, während in den Anstalten in kirchlicher Trägerschaft, diesen demokratiefreien Räumen unserer Gesellschaft[44], ausschließlich Kirchenobere das Sagen haben – und folglich das für alle geltende Gesetz außer Kraft ist.[45]

Nicht genug damit. Die Bundesländer finanzieren auch mit vollen Händen spezifisch klerikale Zwecke, die gar nichts mit Sozialeinrichtungen zu tun haben. Im Freistaat Bayern wurden zum Beispiel 1990 für Kirchenrenovationen 58,7 Millionen DM ausgegeben, ein Mehrfaches dessen, was für den Kindergartenbau verausgabt wurde.[46] In diesem Zusammenhang muß berücksichtigt werden, daß der allergrößte Teil der Kindergartenzuschüsse wiederum kirchlichen Trägern zugutekommt. Auch die Personalkosten werden überwiegend bis ganz aus Staatsmitteln finanziert. Der Finanzchef der bayerischen Evangelischen Landeskirche mußte denn auch 1990 einräumen, daß 80 Prozent seines Etats (900 Millionen DM) auf Personalkosten entfallen – und Mitarbeiter der kirchlichen Diakonie darin nicht enthalten sind. Die Landeskirche bringt für die gesamte Sozialarbeit – einschließlich der innerkirchlichen Gemeindediakonie – nur 40 Millionen auf. Das sind 4,4 Prozent.[47]

Ist es unter diesen Umständen nicht schon schamlos zu nennen, daß in der Bundesrepublik alle zahlen und einige wenige den öffentlichen Profit haben? Bezahlt wird nämlich aus den Kassen, in die unter anderem auch Millionen aus der Kirche ausgetretene Mitbürger ihre allgemeinen Steuern entrichten. Den Gewinn aber hat – nicht nur in der öffentlichen Meinung – allein die Kirche, die davon spricht, »sie« stünde in Deutschland für Caritas und Diakonie. Ist dies nicht einer der grandiosesten Etikettenschwindel, den unser Land zuläßt?

Ohne die – vom Staat und den Beitragszahlern finanzierte – karitativ-diakonische Wirksamkeit hätten die Kirchen viel weniger Bedeutung und Ansehen in der bundesdeutschen Gesellschaft, als dies gegenwärtig noch der Fall ist.[48] Sie verdanken ihre heutige gesellschaftliche Bedeutung ungleich weniger ihrem »Wesen«, dem Glauben, dem Dogma und der Moral als den von ihnen besetzten sozialpolitischen Positionen, deren Kosten freilich andere – die Steuer- und Beitragszahler – zu tragen haben. Steckt kirchliche Sozialarbeit nicht in einer Mogelpackung?

Politiker aller Parteien überweisen Jahr für Jahr über die öffentlichen Haushalte Milliardenbeträge an die Großkirchen. Sie reden nicht darüber, sie überweisen, sie zahlen, sie lassen uns alle mitzahlen, ohne daß wir danach gefragt werden. Ob dieses Verhalten nicht auch mit Angst zu tun hat? Mit der Angst der meisten Politikerinnen und Politiker vor einer mächtigen, auch wirtschaftsmächtigen Institution. Daß die Kirchen, die ihre Schäfchen im trockenen haben, das Thema nicht in die öffentliche Diskussion tragen, ist einsichtig. Ebenso verständlich ist es, daß es bei der kirchlichen Caritasarbeit eine starke Neigung gibt, gerade solche Dienste zu übernehmen, die überwiegend von der öffentlichen Hand bezuschußt werden.[49]

Kirchen und ihre Wohlfahrtsinstitutionen sind auf dem sozialen Sektor Unternehmer wie andere auch[50], gerade wenn sie ständig betonen, alles geschehe allein und ausschließlich aus Liebe zu den Armen und Leidenden und in Erfüllung des neutestamentlichen Liebesgebotes. »Man traue keinem erhabenen Motiv für eine Handlung, wenn sich auch ein niedriges finden läßt« (E. Gibbon[51]).

Wer sich nicht noch mehr ärgern möchte, erspart der Kirche eine weitere Qualitätskontrolle. Gewiß finden sich auch in den Kirchen hervorragende Menschen mit ausgezeichneten Ideen und hochstehender Moral. Das aber hat die Kirche lediglich mit anderen Verbänden gemeinsam. Obgleich sich auch im ADAC oder beim Roten Kreuz gute Menschen finden, werden diese dadurch nicht schon zur Instanz in Sachen Nächstenliebe oder Moral.[52]

Nun stößt die Religions- und Kirchenkritik beim »geduldigen Bohren dicker Bretter«[53] an diesem Punkt meist auf den Einwand, die ursprüngliche Absicht Jesu, wie sie im Alten Testament vorbereitet und im Neuen Testament niedergelegt sei, würde von den konkreten Kirchen seit langem verfälscht. Daher sei es noch immer geraten, sich als Christ zu bekennen und das Wesen der Religion aus dem Schutt hervorzukramen.

Doch es verhält sich eher umgekehrt[54]: »Eine nicht geringe Zahl positiv motivierter bis idealistisch gesinnter Bischöfe, Pfarrer, engagierter Christen bemüht sich, aus einer redlicherweise eigentlich längst unhaltbar gewordenen religiösen Glaubensbasis unter ungeheuren Selbstverleugnungen, Konflikten und inneren Verbiegungen… doch noch eine einigermaßen akzeptierbare und hilfreiche Veranstaltung zu machen.« F. Buggle fährt fort: »Pointiert gesagt: Ich kenne eine große Zahl von Pfarrern und über-

114

zeugten Christen, deren ethisches Niveau das des biblischen Gottes bei weitem übertrifft.«

Wäre es für solche Christen – Hut ab vor ihnen! – nicht besser, sich nicht nur des Kirchenschutts zu entledigen, sondern auch gleich jenes Bibelgottes[55], der ihnen den Weg zum vollen Menschsein versperrt? Könnten sie die Zeit und Mühe, die sie für eine solche Religion und deren Reform vertun, nicht besser investieren? Zum Beispiel in konkrete Hilfen für ihre Umwelt statt in Gehorsam gegen Hirten-Gebote?

Schön wär's. Offenbar aber unterliegen auch diese Christen dem Leistungsdruck der Organisation. Das zumindest macht sie den vielen ihrer Mitbrüder und Mitschwestern gleich, die sich längst schon äußerlich, aber unehrlich mit ihrem Amt arrangierten oder sonstigen Versuchungen und Prämien ihres Christseins erlagen.[56] Finden sie nicht früher oder später den Weg aus der Kirche, unter der sie leiden, so bleiben sie in der Sackgasse stecken. Und »Eure Gesichter sind immer eurem Glauben schädlicher gewesen als unsere Gründe!« (F. Nietzsche[57])

Man kann es bedauern, doch ist es eine Tatsache: Sich einerseits (modisch) von der Amtskirche zu distanzieren und andererseits der tatsächlichen Bestimmung durch biblisch-christliche Inhalte zu unterliegen, ist der am häufigsten anzutreffende Mangel im heutigen Christsein. Ich will nicht von intellektueller Unredlichkeit sprechen. Denn die Ablösung religiöser Einstellungen und Vorurteile ist einem ungeheuer langsamen Prozeß unterworfen: Wer jahrzehntelang Schlafmittel nahm, kann nicht schlafen, wenn man ihm das Mittel entzieht.[58]

Es ist »schwieriger, Vorurteile zu zertrümmern als Atome« (A. Einstein[59]). Mit verschwindend geringen Ausnahmen führten ja nicht Argumente zur Übernahme einer Religion wie dem Christentum, sondern Geburt und Herkunft, das heißt, die übliche frühkindliche Erziehung.[60] Sie leitet an zur Übernahme von Weltbildern, Motivationen, Steuerungen und Ausrichtungen oder aber Hemmungen des persönlichen und gesellschaftlichen Handelns, zu dem entsprechenden Meideverhalten und zur Tabuierung.[61] Ein Beispiel bieten jene »Lebensregeln«, die 1991 (!) in zahlreichen katholischen Kirchen Nordrhein-Westfalens ausgelegt wurden, um die Gläubigen das richtige Verhalten gegen Kirchenobere zu lehren: »Benimm Dich nicht, wie Leute sich gegenüber staatlichen Stellen benehmen; wir bilden eine Glaubensgemeinschaft. – Die Oberen sind die Boten, die Jesus Dir schickt. – Sei darauf bedacht, die Wünsche Deines Vorgesetzten zu erraten, so als ob Du Jesus vor Dir hättest.«[62]

Was Hänschen lernen mußte, gibt Hans so leicht nicht mehr her, auch und gerade nicht, wenn er mittlerweile einen Professoren- oder Doktorentitel trägt.[63] Man läßt also seine Kinder nach wie vor taufen, gibt ihnen auch gern altertümlich wirkende, biblische Namen – und bezeugt damit, daß man sich zum elitären Kreis modisch-konformistischer Eltern rechnet. Denn damit kann man zumindest beweisen, daß die Bibel recht hat, selbst wenn man sie allenfalls in – kirchlich vorgegebenen – Auszügen las.[64] Ein förmlicher Kirchenaustritt jedoch wäre zuviel des Protests. Soweit lassen es manche Akademiker nicht kommen. Noch immer gilt eine solche Konsequenz als »unfein«.

Hirten und Herden freuen sich und sind sich einig. Sie haben offenbar anderes zu tun, als Argumente ernst zu nehmen. Ihre Theologen – allein in der Bundesrepublik zählen sie nach Tausenden – werden schließlich dafür bezahlt[65], der beträchtlichen Argumentationsnot, die in ihren Kreisen herrscht[66], durch die ständige Wiederholung gleichförmiger Aussagen zu begegnen. Von daher gesehen, mag der Theologe Hans Küng recht haben, der – unangefochten von historischer und bibelkritischer Forschung – lehrt: »Der biblische Gottesglaube ist in sich stimmig, ist zugleich rational verantwortbar und hat sich in einer mehrtausendjährigen Geschichte bewährt.«[67]

Unter diesen Umständen bleibt wenig Zeit, die zahlende Öffentlichkeit beispielsweise über die Milliardenbeträge aufzuklären, die die Großkirchen – unter dem Etikett »Caritas« – einnehmen. Bewährte Kirchendiener schweigen beredt, wenn es um solche Gelder geht. Sie sind mit dem Erreichten zufrieden. Immerhin verschlingt beispielsweise allein die Diözesanleitung des Erzbistums München und Freising im Jahr 1992 rund 34 Millionen

DM[68], während die Diasporahilfe Region Ost, eine Sonderhilfe für die neuen Bundesländer, mit 17,6 Millionen DM ausgewiesen ist...

Ob sich die kirchliche Nächstenliebe, die – wie gesagt – zum allergrößten Teil von der öffentlichen Hand finanziert wird, überhaupt anders verstehen läßt als ein Mittel zum Zweck? Ob sich hinter dieser höchst öffentlichkeitswirksamen Arbeit nicht ein ausgeprägter Heilsegoismus[69] verbirgt? Schließlich wollen viele Christen unbedingt in den Himmel kommen, und dafür sind sie zu allem bereit. Früher sahen sie eine der besten Methoden im Kampf gegen Andersdenkende, dann sorgten sie sich jahrhundertelang um Ablässe oder bemühten sich um die möglichst hundertprozentige Erfüllung auch noch des skurrilsten der Kirchengesetze[70], und heute scheinen sie den Dienst am Nächsten zu bevorzugen. Der Hauptantrieb im religiösen Leben aber ist nicht selten derselbe, von dem auch Sparkassen und Versicherungen leben.[71] Christliche Caritas war zunächst eine Art Vorsorgeunternehmen für die eigene Seligkeit. Sie wurde keineswegs von vornherein in einem altruistischen Sinn, also auf die Not anderer ausgerichtet, betrieben.[72] Vorherrschend blieb die Ausrichtung auf die eigene (Seelen)Not jener, die sie übten. Schließlich ließ sich mit der Zuwendung zum Nächsten – wie Jesus selbst gesagt haben soll[73] – der Himmel verdienen und das strenge Gericht Gottes mildern oder vermeiden.

Der Heilsegoismus hatte schon bald gesellschaftliche und politische Konsequenzen. Es blieb dem Christentum vorbehalten, »die ideale Brauchbarkeit der Caritas... für die Missionierung rasch entdeckt und konsequent eingesetzt zu haben«[74]. Schließlich gelang es den christlichen Kirchen im 19. Jahrhundert, ihre »Caritas« und »Diakonie« (die bis 1965 ehrlicher »Innere Mission« hieß) als Monopole zu entwickeln und in der öffentlichen Meinung als solche durchzudrücken. Diesen Zustand kennen wir: Christsein ist neuerdings fast identisch mit »guter Mensch« sein, und für gute Werke sollen daher ausschließlich die Kirchen zuständig sein.

Fragen Sie bitte den nächstbesten Kirchgänger, weshalb genau, wenn überhaupt, er sich um seinen Nächsten kümmere. Tut er es aus humanen Gründen, braucht er nicht Christ zu bleiben. Argumentiert er »christlich«, hat er sein eigenes Seelenheil im Auge. Verständlich, daß der Finanzdirektor der Erzdiözese München und Freising jüngst von einem Identitätsverlust seiner Kirche sprach, wenn dieser die materielle Basis entzogen würde (und die Kirchensteuerpflicht fiele). Denn dann sei es nicht mehr möglich, Lebenssinn, Lebensgestaltung und Lebenshilfe zu vermitteln.[75]

Es leuchtet ein, daß die Betreuungsindustrie der Kirchen sich nach wie vor – und bis auf weiteres – in hartem Konkurrenzkampf mit anderen Weltanschauungsgemeinschaften (um die Wahrheit) und dem Roten Kreuz (um die Liebe) befindet.[76] Auch ist verständlich, daß Christen alle alternativ Denkenden und Handelnden argwöhnisch beäugen; schließlich kennt schon das Neue Testament keine ehrlichen Gegner, sondern nur dümmlich, unmenschlich und ungläubig fragende »Juden, Pharisäer und Schriftgelehrte«[77], die allenfalls als Objekte für Bekehrungsversuche taugen. Vollends einsichtig wird, daß noch immer alle, die öffentlich gegen die ganz normalen Usancen der Kirchen angehen, sich darauf gefaßt machen müssen, »daß der beste Lug und die triftigsten Verleumdungen ihren armen guten Namen zerfetzen und schwärzen werden«, wie Heine anmerkte.[78]

Auch nachdem »Scheiterhaufen und ähnliche Erleuchtungsmittel«[79] nicht mehr brennen, bleibt es, wie es war: Solange Andersdenkende als schlechte Christen oder gar als lieblose Menschen verkauft werden, denen im Vergleich zu den Kirchenchristen das »Wesentliche« fehlt, dürfen diese nur dazu dienen, die Zwecke der beiden Großkirchen mitzufinanzieren. Daher zahlen hierzulande auch Atheisten für Priesterschulen, Kirchenfreie für Dombauten, Konfessionslose für den Unterhalt von Bischöfen.[80]

> **Ihr Argument für den Austritt:** Da die Kirchen sich ihre Sozial-
> arbeit zum weitaus überwiegenden Teil von allen Steuerzah-
> lern finanzieren lassen, brauchen Sie nicht in einer Kirche zu
> bleiben, wenn Sie karitative Zahlungen leisten wollen. Sie
> tragen ohnedies über Ihre allgemeinen Steuern das gesamte
> Sozialsystem mit.

Ist Ihnen der Schutz Ihrer Umwelt wichtiger als der Bau einer weiteren Kirche?

> **Wußten Sie, daß Sie überhaupt kein schlechtes Gewissen zu
> haben brauchen?** In jedem Fall zahlen Sie die Sozialeinrich-
> tungen der Kirchen mit, gleich, ob Sie Mitglied bleiben oder
> nicht. Nur die »Allgemeine Seelsorge«, die Sie in der Regel
> ohnehin nicht nutzen, wird von Ihnen nach einem Austritt
> nicht mehr mitbezahlt. Sie können mit dem eingesparten
> Geld alternative Werke fördern, wenn Sie wollen.

Eigentlich ist alles klar: Bleiben Sie in der Kirche, finanzieren Sie
mit Ihren Kirchensteuern hauptsächlich den Dienst von Seelsorgern. Treten Sie aus, verzichten Sie nur darauf, Ihr Geld in diesen
Zweck zu investieren. In beiden Fällen tun Sie finanziell so gut wie
nichts für die Caritas. Denn die Sozialeinrichtungen der Kirche
werden vorwiegend über die allgemeinen Steuern finanziert.
Klar, daß Sie diese Steuern auch nach Ihrem Kirchenaustritt weiterzahlen müssen.
Die Frage, ob sich gute Werke nur über die Steuerkirchen finanzieren lassen, stellt sich daher gar nicht. Es ist nicht nur selbstverständlich, daß auch die aus der Kirche Ausgetretenen karitativ
tätig sein können – und es in der Tat sind. Es leuchtet auch ein,
daß sie aufgrund der Ersparnis an Kirchensteuern mehr Geld für
solche guten Zwecke zur Verfügung haben. Da sie nicht mehr

irgendeine Seelsorge finanzieren müssen, die sie ohnedies nicht in Anspruch nehmen, bieten sich ihnen mehr Chancen als zuvor. Im übrigen ist es keineswegs seltsamer, daß ein Kirchenfreier als guter Mensch lebt, als es seltsam ist, daß ein Christ sich zu allerhand Verbrechen hinreißen läßt (Pierre Bayle[81]).

Was sparen Sie in Mark und Pfennig, wenn Sie austreten? Meist kommen monatlich Summen zwischen 20 und 100 DM zusammen; manch ein Unternehmer kommt auf eine Summe von 20 000 bis 80 000 DM pro Jahr. Kein Betrag ist zu gering, keiner zu hoch, als daß er sich nicht in einen außerkirchlich guten Zweck umwidmen ließe.

Nun fördert gerade das bundesdeutsche Kirchenfinanzierungssystem eine gewisse Mentalität: Aufgrund des anonymen Vorausabzugs der Kirchensteuer, den selten jemand bemerkt, ohne eigens darauf hingewiesen zu werden, breitete sich die Meinung aus, mit diesem Geld werde zum einen schon das Richtige getan, zum anderen habe der Steuerpflichtige seine guten Werke damit bereits im voraus abgeleistet. Die Großkirchen, Monopole der Nächstenliebe, haben nach dieser weitverbreiteten Auffassung eine Art Konzession erworben: Sie sorgen gleichsam als Trägerinnen eines Mandats dafür, daß mit den an sie gezahlten Steuern Gutes getan wird.

Kein Wunder, daß gerade Seelsorger das Märchen von der sozialen Kirche weitererzählen und die Gutgläubigen sich entlastet fühlen. Der einzelne braucht sich nicht mehr sonderlich um die nächstliegende Not zu kümmern. Er bedient ja, ohne sich groß anzustrengen, die Konzessionärin Kirche. Dieser kann eine solche Delegations-Mentalität nur recht sein. Fließt nämlich das Geld in schöner Regelmäßigkeit und muß über dessen Verwendung nur auf Anfrage Rechenschaft abgelegt werden, läßt sich gut planen – und ruhen.

Der Tübinger Soziologe Johannes Neumann bemerkt hierzu, die Kirchen hätten das öffentliche Wohlfahrtswesen in der Bundesrepublik buchstäblich aufgekauft. Aber nicht aus Eigenmitteln wie der Kirchensteuer, sondern mit öffentlichen Mitteln![82] Niemand außer den Aufkäufern scheint dies bemerkt zu haben! Kritisch wird es für die Kirchen erst, wenn mehr und mehr Menschen nachfragen und die vermeintlich natürliche Gleichung »Kirche sein = Gutes tun« aus guten Gründen nicht mehr anerkennen. Noch schlimmer wird die Lage der Konzessionärin, wenn sogar die Mitgliedschaft in der Kirche aus dem Bereich der Selbstverständlichkeiten des Lebens rückt, also grundsätzlich zur Disposition steht. Bieten sich zudem wirkliche Alternativen zu den bisherigen Monopolen an, ist die Verbindung zwischen dem einzelnen und der Kirche gerissen. Dann ist es oft nur noch eine Frage der Zeit, bis aus der ernsthaften Erwägung eines Austritts der wirkliche Kirchenaustritt wird.[83]

Die Kirchen strengen sich an, die Entwicklung nicht so weit treiben zu lassen. Sie arbeiten nicht nur mit der Mobilisierung uralter mystischer Zwänge und religiöser Ängste, die die gefühlige Hemmschwelle zum Kirchenaustritt möglichst hoch ansetzen lassen. Sie bieten sich nicht nur als bleibende Antwort auf die Sinnfrage an, der gegenüber keine Alternative bestehen kann. Sie diskriminieren, wenn auch nicht mehr so dreist wie früher, die meisten Alternativen als bloß humanistisch oder als nicht ganzheitlich und erwecken den Eindruck, ein Mensch ohne kirchliche Bindung sei kein Mensch im Vollsinn[84] – und von vornherein zur Minderheitenposition verdammt.[85]

Nichts von alldem hält einer Überprüfung stand. Zwar taten die Kirchen zumindest seit dem 19. Jahrhundert alles, um ihre Position als Monopole der Liebe auszubauen. Unter anderem setzten sie auf die Wohlfahrtspflege als dem strategischen Instrument, einen umfassenden Einfluß auf Ehe und Familie, Gesellschaft und Staat durchzusetzen[86]. Es gelang ihnen in der Tat, die rein humanen Alternativen weithin zu diskriminieren und beispielsweise die eine oder die andere Schlacht um die »Soziale Frage« zu gewinnen, die ausnahmslos ein Kampf um den Einfluß auf die arbeitenden und notleidenden Menschen war.

Auf diesem Hintergrund ist unter anderem zu verstehen, daß den Kirchen noch bis in die fünfziger Jahre unseres Jahrhunderts hinein reiche Schenkungen zuflossen. Galten die Alternativen als zweitrangig, fühlten sich viele Erblasser genötigt, ihren letzten

Willen (oft noch auf dem Sterbebett) entsprechend zu erklären: Da allein die Kirche einen direkten Zugang zu eben jenem Jenseits zu haben vorgab, dem sich der Sterbende näherte, lag es nahe, daß er sie – und niemand anderen – berücksichtigte. Kein Wunder, daß die beiden Großkirchen der Bundesrepublik mittlerweile über unvergleichlich große Güter verfügen.[87]

Zwar wird in Sachen Schenkung von der Lobby Freiwilligkeit suggeriert.[88] Diese hat aber ihre erbärmlichen Tücken. Wenn dem potentiellen Schenkenden mit allen möglichen und unmöglichen Mitteln gepredigt wird, er könne durch Schenkungen Gutes tun, ist das nicht korrekt. Denn wo genau liegt dieses Gute? Bleibt es irdisch oder reicht es ins Überirdische, Geglaubte hinein? Lassen sich gar Himmel und Erde gar nicht trennen, wenn es um solche Legate geht? Ganz uneigennützig sind weder die Schenkenden noch die Beschenkten. Die einen glauben, für den Himmel Schätze erworben zu haben. Die andern wissen, daß sie bereits hier auf Erden Schätze erlangten. Von denjenigen, welchen die Schenkung dienen soll, ist bei solchen Heilsgeschäften meist nur am Rand die Rede. Sie, die Armen, sind austauschbar. Der Schenkende ist verstorben, die Kirche besitzt ein weiteres Grundstück, und die Armen sind darauf angewiesen, daß sie es wenigstens nutzen dürfen; gehören wird es ihnen nie. Immer sind sie in der Rolle derer, die bloß das Almosen aus dem Eigentum der Kirche erhalten.

Klerikale Empfehlungen haben ihre Methode[89] und ihre Tradition. Sie kommen selten ohne Angstmache aus. Schon im 5. Jahrhundert empfahl ein Theologe den wohlhabenden Eltern, »ihr Vermögen lieber der Kirche als ›Opfergabe‹ zu hinterlassen als den eigenen Nachkommen, weil es besser sei, die Kinder litten in dieser Welt, als daß die Eltern in der nächsten verdammt würden«.[90]

Erhebliche Zweifel sind daher angebracht, wenn es um die jahrhundertealten Besitzansprüche der Kirche geht. Meist handelt es sich um unrecht erworbenes, entweder in Landnahmekriegen oder in zweifelhaften Vermächtnissen begründetes Gut. Heutzutage scheiden diese beiden Fälle, unrechtes Gut an sich zu ziehen,

122

für die Kirchen mehr oder weniger aus. Kein Oberhirt wird sich mehr auf Kriegszüge begeben, und auch die Unsitte, den Sterbenden in ihrer letzten Stunde das Jenseits gegen ein entsprechendes Legat zu verkaufen, wurde – wenigstens an den meisten Orten – unüblich. Um so gängiger ist die Übung, alle nichtkirchlichen Ansätze schlechtzumachen. Das ist Erpressung mit der falschen Alternative.

> **Glauben Sie immer noch, Sie müßten Ihr Vermögen der Kirche vermachen oder diese schon zu Lebzeiten regelmäßig mit Spenden bedienen, um »Gutes zu tun«, wurden Sie einseitig informiert. Jeder Mensch kann *alternativ* spenden.[91] Es gibt überall Möglichkeiten und Chancen. Sie sind allesamt nicht schlechter als jene, die die Kirchen anbieten.**

Zusehen, nachrechnen, prüfen muß man in jedem Fall: Gewiß finden sich unter den 20 000 bis 40 000 Organisationen, die in der Bundesrepublik Geld sammeln, auch lausige »Spendenorganisationen«, die nur hinter Ihrem Geld her sind. Doch auch wenn Sie Ihr Geld an kirchliche Organisationen geben[92], haben Sie keineswegs von vornherein die Gewähr, es richtig verwendet zu sehen! Hin und wieder geraten ja auch kirchliche Verbände ins Zwielicht.[93]

Nicht zuletzt im Zusammenhang mit der Diskussion um das »Modell Deutschland«[94], also um das weltweit einmalige Kirchenfinanzierungssystem in der Bundesrepublik, wies die Lobby darauf hin, daß dank des kirchlichen Einsatzes und der immensen Zuschüsse aus Kirchenkassen der Sozialstaat Bundesrepublik der beste der Welt sei.[95] Doch auch diese Behauptung gehört ins Reich der Caritas-Legende. Beispielsweise ist – nach einer im Auftrag des Bundesministeriums für Jugend, Familie und Gesundheit 1989 erstellten Untersuchung – die Situation der Altenpflege weit unterhalb des Standards der Schweiz, Dänemarks und der Niederlande anzusiedeln. Auch hinsichtlich der Versorgungsdichte steht die Bundesrepublik – noch hinter den USA, Frankreich und Großbritannien – an sechster Stelle.[96] Was die Wochenarbeitszeit und die Entlohnung der im Sozialbereich Tätigen betrifft, ist unser Land ebenfalls nicht führend.

Das Sozialsystem der Bundesrepublik steht bei der Bereitstellung konkreter Hilfsangebote keineswegs in der ersten Reihe. Vor allem im Bereich der Kindergärten sind wir eher ein Entwicklungsland. Länder, in denen kein vergleichbares Kirchenmonopol auf diesen Gebieten besteht, bieten durchaus eine bessere soziale Versorgung!

Bundesdeutsche Finanzämter subventionieren auf dem Umweg über Spendenquittungen und »Gemeinnützigkeit« den Spendenmarkt im Lande jährlich mit rund einer Milliarde DM. Kein Wunder, daß der Bundesrechnungshof 1988 den mangelnden Durchblick bei immer neuen Hilfsorganisationen rügte. Daher gibt es seit neuestem ein eigenes »Spenden-Siegel« (mit jeweils einem Jahr Gültigkeit). Es wird durch das Deutsche Zentralinstitut für soziale Fragen (DZI) in Berlin vergeben, das die Geschäftspraktiken, die Spendenwerbung und den Verwaltungsaufwand einer Spendenorganisation prüft.[97] Das DZI ist nicht nur ein wissenschaftliches Dokumentationszentrum des Sozialwesens. Es berät auch auf Anfrage jeden Bürger über die Förderungswürdigkeit von Einrichtungen der freien Wohlfahrtspflege. Damit soll für mehr »Transparenz« gesorgt und die Spreu vom Weizen getrennt werden. *Sie können sich also jederzeit über die Leute informieren, denen Sie Ihre Spende zukommen lassen möchten.* Kirchliche Organisationen wie der »Caritasverband« sind von der Überprüfung nicht von vornherein ausgenommen!

Im übrigen steht nirgends geschrieben, nur eine Spende für die neuen Glocken oder die neue Orgel oder den Bildstock am Wegesrand sei gottgefällig.[98] Wer so argumentiert, hat allein den Profit seiner eigenen Organisation im Sinn. Wäre er ehrlich, gäbe er zu, daß beispielsweise Investitionen in den Schutz der Umwelt mehr für »Gott und die Welt« bringen können als der Bau einer weiteren Kirche mit einem möglichst hohen Kirchturm.[99]

Was wir gegenwärtig auf gesellschaftlicher und politischer Ebene erleben, ist eine Neuauflage des weltanschaulichen Kampfes um den Menschen, sprich: um sein Geld. Gerade wenn der Papst davon spricht, das gewandelte Europa sei erneut auf die ererbten »Werte des Christentums« einzuschwören[100], rate ich, zwischen den Zeilen lesen: Zum einen versteht der Papst mit Sicherheit unter diesen christlichen Traditionen seine eigenen, römisch-katholischen. Es wäre ja wirklich eine Neuigkeit, wenn sich ein Papst unter »Christentum« auch nichtkatholische, protestantische, orthodoxe Kirchentraditionen vorstellen könnte.

Zwar stellt kein Papst mehr die Protestanten auf eine Stufe mit Seeräubern und Verbrechern.[101] Doch sprach noch zu Beginn unseres Jahrhunderts der für die ganze katholische Welt vorgeschriebene Einheitskatechismus vom evangelischen Glauben als der »Summe aller Irrlehren«.[102] Papst Benedikt XV. sekundierte 1915 und nannte nichtkatholische Christen »Räuber und Verschwörer« sowie »Sendboten des Satans, die mitten in der heiligen Stadt Rom Tempel errichten, in denen Gott die wahre Ehre verweigert wird«.[103] Und das Gesetzbuch der katholischen Kirche, vor wenigen Jahren durch Johannes Paul II. eingeführt, verpflichtet *alle Menschen* »kraft göttlicher Anordnung«, den wahren Glauben anzunehmen und zu bewahren.[104] Noch im April 1992 nannte der italienische Kurienkardinal S. Oddi den Bau einer Moschee in Rom eine »Beleidigung der Heiligkeit« dieser Stadt.[105] Der traditionelle Machtanspruch ist nicht aufgegeben, auch wenn zur Zeit wieder einmal von »Dialog« die Rede ist.

Auch messen katholische Hirten mit zweierlei Maß: Während Kardinal Oddi klagte, die in Rom geplante Moschee sei überdimensioniert, da »ein Gebetshaus von geringerem Ausmaß« für die in Rom lebenden Muslime genügt hätte, war 1990 kein vatikanischer Protest über den ausnehmend gut proportionierten »Afrikanischen Petersdom« (Elfenbeinküste) zu vernehmen. Hätte es auch da nicht ein wenig genügsamer zugehen können? In einem der ärmsten Länder der Erde, das nur acht Prozent Katholiken zählt? Roms Moschee wird im übrigen 80 Millionen (Petrodollars) kosten, die päpstliche Basilika verschlang seinerzeit das Dreifache (keine Petrodollars).

Die Christenwerte, von denen Johannes Paul II. spricht, bedeuten zum anderen – wie nie anders in der Geschichte – prinzipiell Kampf um Macht, Einfluß und Geld. Schloß nicht bereits der römische Kaiser Julian aus seiner eigenen Anschauung, »daß selbst die Raubtiere dem Menschen nicht so feindlich gesinnt sind wie die Christen gegeneinander«[106]?

Wo käme denn ein Papst hin, ließe er zu, daß sich die Menschen in Europa anders als nach Rom orientierten? Wenn sie beispielsweise mit ihrem Geld ausschließlich alternative Werte unterstützten? Europas Kultur muß, folgt man dem Papst, abendländisch sein oder werden – und damit christlich wie gehabt. Nur dann kann die Papstkirche ihren Einfluß wieder ausdehnen. Denn, so ein katholischer Kulturkämpfer, »die Welt wird von Rom aus regiert, vom Papst in Rom!«[107]

Ein rechter Christ läßt sich nicht beirren. Er weiß, daß ihm keine Alternative etwas anhaben kann. Kurt Tucholsky schilderte das Christentum als eine gewaltige Macht: »Daß zum Beispiel protestantische Missionare aus Asien unbekehrt wieder nach Hause kommen –: das ist eine große Leistung.«[108] Ist Christsein aber wirklich »besser«? Nehmen Sie die Geschichte des Christentums: Da ist der Beweis des Gegenteils bereits angetreten. Oder betrachten Sie die Gegenwart: Hier gilt dasselbe.[109]

Beruft sich der Papst auf die Bibel und zitiert er diese, um den Nachweis einer Existenz Gottes zu führen, will er diskriminieren: »Die Narren sagen in ihrem Herzen: Es gibt keinen Gott« (Ps 53, 2).[110] Wenn Sie selbst nicht mehr an die Kirche glauben können (und dies mit wahrhaft guten Gründen) oder wenn Sie Schwierigkeiten mit dem Gottesglauben bekamen (wie die meisten Mitmenschen), sind Sie deswegen doch kein Narr. Oder fühlten Sie sich je als ein solcher, nachdem Sie gründlicher nachzudenken begannen?

Im übrigen lassen sich immer mehr Christen nicht mehr auf solche Beweisgänge ein, wie sie der Papst liebt. Sie haben ihre Gründe. Zumeist wissen sie aus eigener Erfahrung, wieviele gute Menschen leben, die keine Christen (mehr) sind. Zudem erfuhren sie, wieviele ihrer Mitchristen wenig edle Menschen waren und sind. Auch lehnen sie es ab, selbst den geringsten Vorsprung des Christseins vor den Alternativen zu behaupten. Schon die Frage nach dem »Mehr« zu stellen, gilt ihnen als zutiefst unchristlich.[111] Sie versuchen, endlich für sich persönlich die grauenvoll arrogante Geschichte des Christentums abzubrechen – und konsequenterweise jene Organisation nicht mehr zu unterstützen, die sich als Erbin dieser Tradition begreift.

Ein Hinweis für bibelfeste Christen: Jede Mark, die noch immer freiwillig an die Amtskirche der Bundesrepublik gezahlt wird, stärkt ein längst schon bankrottes Glaubenssystem und ist ein Silberling, mit dem Jesus von neuem verraten wird. Geben Sie daher Ihr Geld nicht noch länger jenen Oberhirten, die – ohne jede wirksame demokratische Kontrolle – damit anfangen können, was immer sie wollen. Widmen Sie Ihre Zahlungen beherzt um[112] und unterstützen Sie beispielsweise alle Alternativen, die der Dritten Welt wirklich zugute kommen.

Zwar trägt das »bischöfliche Hilfswerk« für Lateinamerika den sinnigen Namen »Adveniat«. Dahinter verbirgt sich die Vater-unser-Bitte »Dein Reich komme«. Das regt die Spendenfreudigkeit vieler an. Aber es führt in die Irre. Nach Lateinamerika kam »das Reich« nämlich schon einmal. Der Kontinent erholte sich bis heute nicht von diesem mörderischen Ereignis.[113] Ob sich viele Spenderinnen und Spender der totschlägerischen »Ankunft des Reiches« in Lateinamerika bewußt sind? Von einer Entschädigung, die die Liebesreligion an die Erben jener millionenfachen Blutopfer gezahlt hätte, ist jedenfalls bis heute nichts bekannt. *Wollen Sie noch länger Ihre Spenden an die »bischöflichen Hilfswerke« Adveniat und Misereor abführen? Wissen Sie, wessen »Projekte« Sie da fördern? Haben Sie sich schon einmal über mögliche Alternativen informiert?*

Dem zweiten bischöflichen Hilfswerk mit dem großsprecherischen Namen »Misereor« (Mich erbarmt des Volkes) wird entgegengehalten, es stifte mehr Schaden als Nutzen, weil es die wirtschafts- und bevölkerungspolitischen Ursachen des Hungers in der Dritten Welt ignoriert und bloße Almosen reicht. Es mußte sich auch sagen lassen, Spendengelder auf Halde zu legen, um damit Zinsen zu erwirtschaften, statt die Mittel, wie versprochen, schnell und sachgerecht zum Einsatz zu bringen.[114]

Inwieweit sind solche Hilfswerke überhaupt »bischöflich« zu nennen? Bischöfe selbst helfen ja am allerwenigsten. Sie lassen nur jene Gelder verteilen, die Nicht-Bischöfe spendeten. Was wirklich hilft, ist das »Scherflein der armen Witwe« (Mk 12, 42), nichts anderes. Freilich kann keine arme Witwe je bestimmen, wohin ihr Geld fließen soll. Das regeln die Bischöfe selbst. Sie wissen genau, welches innerkirchliche Wohlverhalten in Lateinamerika oder sonstwo gefordert ist, um überhaupt Geld aus der vom Klerus verwalteten und überwachten Hilfskasse zu erhalten.[115]

Papst Johannes Paul II. wies den Weg zu diesem Wohlverhalten, als er den »Sozialchristen« in Lateinamerika und anderswo ins Stammbuch schrieb: »Das Evangelium darf niemals durch eine besondere Sensibilität für soziale Probleme verdunkelt werden«.[116] Der Stellvertreter Christi ist ehrlich: Er sieht ausnahmslos auf seine eigenen Interessen. Denn »das Evangelium« kann nur er richtig und verbindlich auslegen, die »Sensibilität für soziale Probleme« bekommt er hingegen kaum in den Griff.

> **Ihr Argument für den Austritt:** Hören Sie auf, eine Kirchensteuer zu zahlen, über deren Verwendung Sie nicht mitbestimmen können, sind Sie mit einem Schlag flüssiger, nach Ihrer eigenen sozialen Sensibilität jenes Projekt zu unterstützen, das Sie für zuverlässig halten. Und was das Spenden betrifft: Bischöfliche oder päpstliche Hilfswerke haben keinerlei Vorsprung vor den vielen Alternativen, die sich uns bieten.

Bringt ein Kirchenaustritt
berufliche oder private Nachteile?

**Wußten Sie, daß viele Menschenrechte gegen die Kirche er-
kämpft werden mußten[117] und es immer noch müssen? Oberhirten verweigerten und verweigern nachweislich diese
Rechte.**

Es muß Gründe für die Tatsache geben, daß die meisten Menschen eher bereit sind, den Glauben an einen lebendigen, leibhaftigen, persönlichen Gott aufzugeben[118] als eine Kirche zu verlassen, die ihnen ungleich weniger bedeutet. Sie stehen unter einem enormen Gruppendruck: Wer in einer Gemeinde wohnt, in
der sich fast 100 Prozent (pro forma) zur Kirche bekennen, tritt
eben nicht aus, sondern geht Sonntag für Sonntag getreu zum
Gottesdienst, mag er auch nicht mehr viel glauben. In den deutschen Großstädten hingegen, die bereits um die 40 Prozent Kirchenfreie zählen und in denen die Zahl der Kindertaufen immer
mehr zurückgeht[119], macht ein Kirchenaustritt weniger Mühe.
Überlegen Sie, ob Ihr Ehepartner nicht am besten auch mit austritt. Eine gemeinsamer Schritt fällt leichter, und nachher gibt es
doppelt etwas zu feiern: Der eine braucht beispielsweise nicht
mehr für den anderen Kirchensteuern mitzubezahlen. Kirchenaustritte gehören zu den unveräußerlichen Rechten eines jeden
Menschen. Daher sagt auch das Grundgesetz der Bundesrepublik
Deutschland, niemandem dürfe »aus seiner Zugehörigkeit oder
Nichtzugehörigkeit zu einem Bekenntnisse oder einer Weltan-
schauung ein Nachteil erwachsen«[120]. Freilich ist es kaum möglich, diesen Verfassungsgrundsatz – oder jenen, nach dem »niemand wegen seiner religiösen Anschauungen bevorzugt oder benachteiligt« werden darf, – beispielsweise vor Eingeweihten zu
zitieren, ohne Gelächter zu ernten. Denn alle wissen, daß sich in
bestimmten Landstrichen Deutschlands die Nichtzugehörigkeit
zu einer Kirche nicht empfiehlt. Ebenso bekannt ist die Tatsache,

daß die beiden großen Kirchen im Vergleich zu anderen Weltanschauungsgemeinschaften nicht nur nicht benachteiligt, sondern ausdrücklich bevorzugt werden. Diese Privilegierung ist zwar verfassungswidrig, doch gehört sie zur Verfassungswirklichkeit in unserem Land.

Ich erlebte nicht nur einmal, wie gewunden sich Bischöfe und Parteipolitiker geben, wenn ihnen abverlangt wird, ein öffentliches Bekenntnis zur Meinungs-, Gewissens- und Religionsfreiheit abzulegen, sofern sich dieses auf die Freiheiten Andersdenkender bezieht. Für sich und ihresgleichen fordern Kirchendiener lautstark Religionsfreiheit und klagen ständig jene Toleranz ein, die sie den anderen nur widerwillig zubilligen. Daß Freiheit immer Freiheit der Andersdenkenden ist, brachte noch kein Papst über die Lippen.

Unter diesen Umständen verstehe ich, daß nicht von allen Menschen Heldentum verlangt werden kann. Zwar gilt der Grundsatz, daß jeder Mensch ein unveräußerliches Recht auf seine persönliche Entwicklung hat. Kommt er zu dem Entschluß, seine Mitgliedschaft in der Kirche zu beenden, braucht er den Kirchenaustritt auch nicht vor irgendeiner Instanz zu begründen. Doch ist nicht jedem zuzumuten, dieses Recht auch offen wahrzunehmen und seinem Leben eine andere, selbstverantwortete Richtung zu geben. Zwar sollten Sie lieber einen Knick in Ihrer Biographie hinnehmen als ein geknicktes Rückgrat. Doch verlangt diese Entscheidung vielleicht mehr Mut, als Sie zur Zeit aufbringen. Das ist nicht tragisch; noch ist nicht aller Tage Abend.

In der Bundesrepublik leben bereits Millionen Kirchenfreie.[121] Diese leben auch nicht schlechter als die Kirchengebundenen. Doch kommt es gerade in Berufszweigen wie der Sozialarbeit, in denen die Großkirchen ihr Monopol hemmungslos ausnutzen, einem Verzicht auf den angestrebten Beruf oder auf die Fortbeschäftigung im erlernten und ausgeübten Beruf gleich, wenn Sie die Kirche verlassen. Die Kirchen verstanden es nämlich, durch eine »sehr geschickte, fast bauernschlau zu nennende Politik«[122] und mit Hilfestellung höriger Parteigrößen einen wesentlichen Teil des Sozialsektors in ihren Griff zu bekommen und die Arbeitsgebiete für Sozialarbeiter, Kindergärtnerinnen, Krankenhausärzte und -schwestern wie Sozialpädagogen an sich zu ziehen.

Dieses Faktum wiegt schwer: Denn zum einen ist die geistige Freiheit der betroffenen Arbeitnehmerinnen und Arbeitnehmer stark gefährdet[123], da die Kirchen sowohl bei der Einstellung als auch bei der Berufsausübung ihre eigenen Glaubensmaßstäbe anlegen und im Konfliktfall rigoros durchsetzen. Zum anderen fördert dieses Monopol bei den ihm – aus Gründen regionaler Arbeitsmarktpolitik – Unterworfenen nichts anderes als die religiöse Heuchelei.[124] Immerhin stehen mittlerweile über 900 000 Mitbürgerinnen und Mitbürger im Kirchendienst.[125]

> Bischöfen wie Pfarrern stünde es frei, vor der eigenen Tür zu kehren und sich wirklich sozial zu betätigen. Sie haben genug Menschen unter sich: Arbeitnehmerinnen und Arbeitnehmer im Kirchendienst. Es könnte sich Tag für Tag erweisen, daß die Kirche auch sozial denkt und handelt, wenn es um ihre eigenen Belange geht.

Da von den Kirchen und ihren Unterorganisationen aber noch immer kein soziales Handeln nach innen zu erwarten ist[126], möchte ich unterscheiden: Jedem, der in nächster Zukunft seine berufliche Karriere erst aufbauen muß, ist es nicht anzukreiden, daß er sich mit öffentlicher Kritik an der Kirche zurückhält und seine tatsächliche Meinung nicht offenlegt.[127] Menschen sind noch gegen Ende des 20. Jahrhunderts gezwungen, aus beruflicher Rücksicht eine Kirchenzugehörigkeit zu heucheln. Das ist ein Armutszeugnis für die Kirchen. Wer freilich schon erreichte, was er erreichen wollte, oder wer auf solche Kriterien keinen Wert legt, darf befreit leben.

Der Anteil der wirklich kirchentreuen Christen in der Bundesrepublik wird auf ganze zehn Prozent geschätzt. Mir erscheint es bedenkenswert, was die übrigen 90 Prozent »Taufscheinchristen« für die Interessen dieser verschwindend kleinen Minderheit leisten. Von den bereits Kirchenfreien, die auch mitbezahlen, gar nicht zu reden. Es ist ein bundesdeutsches Kuriosum – das freilich Milliarden kostet –, daß hierzulande die übergroße Mehrheit den Glauben einer Minderheit gesellschaftlich, politisch und finanziell mitträgt.[128] Die Mitbetroffenen werden sich fragen lassen müssen, wie lange sie sich dies noch leisten wollen. Wäre es nicht an der Zeit, die unwürdigen Zustände zu beenden?

Bereits vor dreißig Jahren schrieb ein Kenner: »Man darf es für schlechthin undenkbar halten, daß die Regierungen von Großbritannien, Frankreich und den USA, ja selbst die ultrakatholischen Spanier es wagen würden, ihren Bürgern solch schwere Steuerlasten ›um des Glaubens willen‹ aufzubürden. Die Deutschen ertragen es, weil sie sich daran gewöhnt haben.«[129]

Sie sind kein Mensch zweiter Klasse, nur weil Sie keine Kirchensteuer mehr zahlen. Es sei denn, Sie wollen unbedingt vom Pfarrer gegrüßt sein. Dessen christlicher Anspruch reicht ja hin und wieder nicht so weit, auch Kirchenfreie wahrzunehmen. Seine Seelsorge gilt den Schafen, und nachdem Sie den Pferch verließen, zählen Sie eben nicht mehr zu diesen. Bleiben Sie ruhig: Sie verloren nicht viel.

Im Regelfall leiden selbst Ihre Kinder nicht unter der Tatsache, daß Sie aus der Kirche austraten. Selbst ungetaufte Kinder (in einigen Großstädten bereits mehr als 40 Prozent der Neugeborenen) haben es in den Kindergärten und Schulen nicht unbedingt schwerer als andere.

Es ist inkonsequent, wenn Pfarrer immer wieder publikumswirksam die Freiwilligkeit der Kirchenzugehörigkeit betonen und doch um jede Seele kämpfen. Offensichtlich ist es den Hirten doch nicht so ernst mit der freien Entscheidung für oder gegen ihre Kirche. Wären sie wirklich so gelassen, wie sie sich geben, jagten sie nicht hinter jedem Kind her und versuchten, schon vom Kindergarten an die Kleinen zu beeinflussen. Dann würden sie zumindest den Elternwillen respektieren und andersdenkende Eltern nicht unter Druck setzen.[130]

Kindergärten und Kindertagesstätten bleiben aber nach wie vor beliebte Felder des klerikalen Engagements. Die Kirchen sind daran interessiert, alle Menschen möglichst früh auf ihre Leitbilder einzuschwören. Kinder und Jugendliche auf die eigene Linie zu bringen, muß dem System am Herzen liegen. Daher sollen Kinder »schon früh die prägende Kraft es Evangeliums«[131] am eigenen Leib und Geist erfahren. Kindergärten (und »Bekenntnis«-Schulen) sollen Orte des Glaubens- und Kulturkampfes bleiben. Hier sind allem Anschein nach die Objekte der Mission am schwächsten. Hier sind die Bastionen der Missionsprediger am stärksten. Der weltanschaulich neutrale Staat sieht nicht nur einigermaßen wohlwollend bis ausdrücklich zustimmend zu[132], sondern unterstützt die kirchliche Arbeit auch mit den Steuergeldern aller Bundesdeutschen.[133]

Arthur Schopenhauer: »Christen sind abgerichtet, bei gewissen Gelegenheiten ein Kreuz zu schlagen, sich zu verneigen u. dgl.; wie denn überhaupt die Religion das rechte Meisterstück der Abrichtung ist, nämlich der Abrichtung der Denkfähigkeit; daher man bekanntlich nicht früh genug damit anfangen kann.«[134]

Niemand ist verpflichtet, mitzumachen. Nach einer Untersuchung aus dem Jahr 1986 hielten es denn auch bereits 90 Prozent der 25- bis 44jährigen Eltern in der Bundesrepublik für richtig, ihre Kinder ohne religiös-ideologische Beeinflussung aufwachsen zu lassen.[135] Zwar kann es immer noch Schwierigkeiten mit Pfarrern geben, die meinen, ein Kindergarten bleibe der »ihre«, obgleich er fast ganz aus öffentlichen Mitteln unterhalten wird.[136] Doch sind solche Hirten – entgegen dem öffentlichen Anschein – die Ausnahme.[137] Gewitzte Eltern können sich, wie mir immer wieder berichtet wird, ganz gut und wirksam gegen die Pressionen von Pfarrern behaupten. Das gilt auch für die Phase, in der Kinder die Grundschule besuchen.

Zwar orientieren sich einige Lehrpläne und Dienstanweisungen für Lehrer noch immer – und verfassungswidrig! – an den Erziehungsideen der beiden Großkirchen. Auch finden sich hin und wieder militante Christen unter Lehrern und Eltern, deren Missionierungsabsichten mit der Verteufelung nichtchristlicher Weltanschauungen einhergehen. Doch brauchen Sie auch dem Ziel dieser ewiggestrigen Minderheit, die Schule im Idealfall als kirchliche Missionsanstalt fungieren zu lassen, nicht hilflos gegenüberzustehen. Das gilt übrigens auch für den Fall, da den Kindern, die keinen Religionsunterricht besuchen, (und vielleicht auch Ihnen, den Eltern?) ersatzweise ein Ethikunterricht angeboten wird: Da es keine Religionspflicht gibt, kann es auch keine Pflicht zum Ersatz geben.[138]

Machen Lehrer oder Schulleiter Schwierigkeiten, verlangen Sie bitte sofort eine schriftliche Stellungnahme, die vor allem die rechtlichen Grundlagen einer Maßnahme (Religionsunterricht außerhalb der Eckstunden, kirchliche Feiern und Feste im Schuljahr, Schulgebet, Kreuz im Klassenzimmer[139] u. ä.) auflistet. In diesem Fall gewinnen Sie leicht die Oberhand. Denn andere Eltern sorgten schon vor Gericht dafür, daß die Bestimmungen des Grundgesetzes und der für alle geltenden Gesetze auch dann Anwendung finden, wenn es bestimmten Christen nicht ins Konzept paßt. *Höchstrichterliche Urteile sind auf Ihrer Seite! Die Verfassung ist es ohnehin!*

Prozesse sind allerdings nicht jedermanns Sache. Im Normalfall ist es für alle Beteiligten angenehmer, wenn sie sich auf einen Kompromiß einigen, der insbesondere die schulischen und privaten Interessen der Kinder wahrt. Doch sollten Sie unter diesen Interessen auch die freie, demokratische Erziehung der nächsten Generation verstehen. Bekommen Kinder beispielsweise mit, daß ihre Eltern vor dem Pfarrer oder einem fanatisch christlichen Lehrer kneifen und ihr eigenes Grundrecht auf ungestörte Nichtausübung von Religion nicht wahrnehmen, ist das keine besonders geglückte Anleitung fürs Leben. Kinder sind wißbegierig: Sie wollen durchaus auch etwas über Religion wissen, zumal diese zumindest indirekt (über Mitschüler) in ihr Leben hineinreicht. Kinder verstehen aber auch schnell und gut, daß es sich lohnt, sich die eigenen Rechte nicht schmälern zu lassen. Jede Ängstlichkeit ist auf diesem Gebiet von Übel.

Friedrich der Große sagte 1753: »Ich finde den christlichen Glauben widersinnig und möchte um nichts auf der Welt die Fehler, die ich schon habe, durch das Laster der Heuchelei vermehren; denn ich will niemanden täuschen, und man soll der Welt zeigen, daß man ein Ehrenmann sein kann, ohne an die jungfräuliche Geburt und an das Wunder der Hostie zu glauben.«[140]

Sie tun gewiß auch gut daran, in Ihrem eigenen Leben zu kramen und sich beispielsweise darüber klarzuwerden, mit welchen Methoden Sie selbst religiös erzogen wurden. Denken Sie an Ihren eigenen Religionsunterricht, an die Phase Ihres Lebens, in der sie – kindlich-wehrlos – zugerichtet wurden! Haben Sie noch eine Erinnerung? Besitzen Sie noch einen Katechismus aus jener Zeit, so blättern Sie darin und lesen Sie einmal nach, was Ihnen seinerzeit zugemutet wurde!

Immerhin wurde noch in den späten sechziger Jahren Gott offiziell als hart strafende Instanz dargestellt – und die Kinder (heute sind sie Erwachsene von etwa 40 Jahren und Eltern) wurden beispielsweise aufgefordert, zu erzählen, »wie Gott die Strafe vollzog«.[141] Sie bekamen auch die Aufgabe: »Zeichne die Marterwerkzeuge: Hammer, Nägel und Zange! Schreibe darunter: Ich danke dir, Herr Jesus Christ, daß du für mich gestorben bist; ach laß dein Blut und deine Pein an mir doch nicht verloren sein«. Dies alles geschah noch vor wenigen Jahren. Dies alles, ohne daß Pädagogen, Erziehungswissenschaftler oder Psychologen öffentlich protestiert hätten. Schließlich handelte es sich um die »Religion«.[142]

> **Ihr Argument für den Austritt:** Als mündiger Mensch entscheiden Sie selbst, ob die als normal geltende Haltung, sich in religiösen Fragen durchzulavieren und ein bißchen christlich, doch nicht zu sehr, und ein bißchen liberal, aber nicht zu konsequent, zu leben, eine Vorbildfunktion auch für Ihre Kinder haben soll. Oder sind Ihnen diese nicht zu schade für den »Kult der Undeutlichkeit«[143] und für Heuchelei[144]? Man wird erst »ganz wahr, nachdem man den letzten Schritt aus den Grenzen dieser Selbstbelügungsanstalt herausgemacht hat«[145].

Wer bestattet Sie mal,
wenn Sie keiner Kirche mehr angehören?

> **Wußten Sie, daß nur noch ein Drittel der Bundesdeutschen an ein Leben nach dem Tode glaubt? Christen haben im übrigen, was das Sterben anbelangt, keinen Vorteil vor den Nichtchristen: Ängstliche und Nichtängstliche gibt es hier wie dort.**

Wieder einmal kommt Angst ins Spiel. Auch wer sich ein Leben lang in keiner Kirche sehen ließ, möchte doch seine letzten Dinge gut geregelt wissen. Dazu gehört, je nachdem, die Lösung von ein oder zwei Problemen: die Vorsorge für eine richtige Beerdigung und die Nachsorge für die Zeit »danach«. Zumindest die an zweiter Stelle genannte Sorge ist typisch für Christen. Zwar glaubt nur noch eine Minderheit der Bundesdeutschen an ein Leben nach dem Tod[146], aber offensichtlich scheint sich die Angst, es könne doch »alles anders« sein, durch diesen Nicht-Glauben nicht recht beheben zu lassen. Kein Wunder, daß Christen, auch und gerade praktizierende, keinen Vorsprung vor Nichtgläubigen haben und durchaus nicht »ruhiger« sterben als jene.[147] Selbst die Tatsache, bald jenem Gott zu begegnen, an den sie mehr oder weniger glaubten und dessen Gebote sie befolgen wollten, nimmt ihnen diese Angst nicht. Im Gegenteil. Auch jene Zeitgenossen, die sich nur noch ein Rest-Christentum leisten wollten, sind nicht von vornherein frei von Angst vor ihrem letzten Stündlein und dem, was danach auf sie wartet (oder nicht). Lehrt aber nur (Todes-)Not beten?[148] Wäre keine Religion, wäre kein Tod?[149]
Nur der ist ein wahrhaft sittlicher, ein wahrhaft menschlicher Mensch, der seine religiösen Gefühle und Bedürfnisse zu durchschauen den Mut hat (L. Feuerbach[150]). Soll ich da den Spieß jener Pfarrer umdrehen, die ziemlich profitlich suggerieren, der »Gottlose« stehe dem Tod völlig hilflos und verängstigt gegenüber? Ich stand selbst an verschiedenen Sterbebetten und sah sowohl Christen als auch Nichtchristen gelassen oder völlig ver-

ängstigt sterben. Die Angst vor dem »danach« fand sich allerdings nur bei den Gläubigen. Es handelt sich um ein spezifisches Christenproblem.

Praktizierende Gläubige nehmen oft weniger die Impulse für ein ehrenvolles und gerechtes Leben vor dem Tod wahr, die sich ihnen bieten, als irgendwelche Dauerpredigten vom richtigen Sterben und die darin versteckten Phrasen über das folgende Leben. Der katholische Theologe H. Vorgrimler urteilt über solche: »Ängstlich und verkrampft richten viele Christen ihre Aufmerksamkeit auf den eigenen Tod; sie sind nicht nur interessiert an der Frage: Was kommt danach?, sondern geradezu von ihr besessen. In dieser Fixierung entstehen absonderliche Formen des Handelns mit dem Himmel und der Heilsversicherung, ohne daß die Todesangst abnähme, im Gegenteil: sie wächst gerade bei ›Frommen‹ oft ins Ungeheure. Der Blick auf die nächstliegenden, drängenden Aufgaben, die selbst dem einfachsten Menschen ohne großen Wirkungsradius zukommen – Versöhnung, Tröstung anderer, Humanisierung eines wenn auch kleinen Lebensbereichs –, bleibt verstellt. Die innere Haltung solcher Christen unterscheidet sich qualitativ nicht von der an Erwerbs- und Profitdenken orientierten Umwelt: In beiden Mentalitäten geht das Menschsein verloren...«[151]

Auch wenn die Auferstehung Christi das »befriedigte Verlangen des Menschen nach unmittelbarer Gewißheit von seiner persönlichen Fortdauer nach dem Tode«[152] darstellt, kann Todesangst durch den Glauben oder durch theologische Überlegungen nicht beseitigt werden. Die oft erfahrene Tatsache, daß sie verschwindet (bei Glaubenden und bei Nichtglaubenden) und daß sie umgekehrt auch bei beiden groß sein kann, läßt auf Ursachen schließen, die keiner Predigt zugänglich sind.[153] Es spricht in keinem Fall für den Christenglauben, wenn die Sorge um ein nächstes Leben[154] zu neurotischen Störungen führt und das Prinzip, es gebe in der Tat auch ein Leben vor dem Tod, absurd erscheinen läßt.

Schaue ich mir die Heilssorge vieler Christen an, betrachte ich den unverkennbaren Heilsegoismus dieser Leute, lobe ich mir die

Heiden von früher und von heute: Sie bekannten sich zum heiteren Nichtwissen, zum gelassenen Aufsichberuhenlassen und zur Neugier, was da kommen mag. Sie hielten dieses Bekenntnis ruhig bis in ihren Tod hinein fest. Goethe, der sich als »decidierten Nichtchristen« bezeichnete[155]: »Die Geschichte des guten Jesus hab ich nun so satt, daß ich sie von keinem als allenfalls von ihm selbst hören möchte...«[156]

Einen starken Kontrast zu dieser Haltung bietet nach wie vor jene Angst, die sich bei Christen findet und im Begriff »Hölle« die Neurosen unzähliger eingeschüchterter Menschen konzentriert.[157] Schlimm genug, daß sich immer noch so viele Menschen vor derlei fürchten. Schlimmer noch, daß viele unter ihnen ihre eigene Angst nur dann ertragen zu können glauben, wenn sie anderen, wesentlich freieren Menschen mit demselben Spuk Angst einzujagen versuchen. Bitte, lassen Sie sich nicht von den Frommen schrecken, die Ihnen einblasen, der Kirchenaustritt »räche« sich früher oder später, schon jetzt auf Erden – oder zumindest »da drüben«! *Mit solchen Leuten und deren Rachegottheit können Sie nur Mitleid haben.*

Und die Angst, als Kirchenfreier nicht einmal richtig beerdigt zu werden? Sie ist zwar keine spezifische Christenangst, denn Kirchengebundene sind sich ja sicher, einen leibhaftigen Pfarrer an ihrem Grab stehen zu sehen.[158] Sie haben Aussicht auf eine »schöne Leich«. Doch ist die Angst mancher Menschen, nach dem Kirchenaustritt nur irgendwo »verscharrt« zu werden, eine Angst, die von klerikaler Propaganda geschürt wird. Insofern sind wieder einmal Christen daran beteiligt, wenn den Menschen Ängste eingeredet werden, die durch nichts begründet sind. Von den inhumanen, doch klerikalen Gepflogenheiten gar nicht zu reden, Nichtkatholiken auf dem angeblich katholischen Gottesacker allenfalls einen Randplatz zuzubilligen oder sie nur »draußen vor der Stadt« bei Nacht und Nebel bestatten zu lassen.[159] Auch sie sind eine bleibende Schande für die Kirche.

Und die Sache mit dem Herrn Pfarrer am Grab? Sind Sie davon überzeugt, nichts mehr mit dem Christentum der Kirchen zu schaffen haben zu wollen, brauchen Sie einen Geistlichen weder am Sterbebett noch am Grab. Wenn Sie wirklich einen Menschen brauchen, dann einen, den Sie seit langem kennen und dem Sie vertrauen – bis in ihre letzte Stunde hinein. Der wird Ihre Hand halten.

Die Monopolstellung der konfessionellen Seelsorge in den bundesdeutschen Krankenhäusern verhinderte es freilich bisher, daß eine ausreichende Zahl von menschlich und fachlich qualifizierten Kranken- und Sterbebeiständen für alle Patienten ausgebildet und eingestellt wurden. Ein gesellschaftlicher Skandal ist es ferner, daß die meisten Krankenanstalten zwar über Kapellen und Andachtsräume verfügen, Sterbende jedoch noch immer in manchen Krankenhäusern in Raucher-, Besucher- und Fernsehzimmern oder gar in Fluren ihr Leben beenden müssen.

Hat wenigstens das, was mit den Toten geschieht, karitative Würde? Einmal mehr zeigt sich, wie wenig Kirchen über den Rand des eigenen Tellers hinaus denken und fühlen. 1985 entfielen auf dem Stuttgarter Pragfriedhof auf 1600 Einäscherungen mit Trauerfeier 350 ohne eine solche. Das ließ die Arbeitsgemeinschaft Christlicher Kirchen in der Stadt nicht ruhen.[160] Das Stuttgarter Friedhofsamt benachrichtigt also künftig die Kirchen, wenn ein solch »vereinsamter« Mensch[161] (sprich: ein Nichtchrist!) bestattet wird. Ob er das je wollte, wird nicht gefragt. Er erhält seine Kirchenfeier. Ich nehme an, aus Nächstenliebe. Die Mehrkosten für Orgelspiel und Pfarrerbegleitung trägt allerdings nicht die Kirche, sondern das Sozialamt.

Ich erinnere mich in diesem Zusammenhang an meine Zeit als Kaplan in Stuttgart. Nicht nur einmal wurde ich, nachdem ich eine reguläre Beerdigung gehalten hatte, vom Friedhofspersonal gefragt, ob ich anschließend nicht auch noch eine »unbekannte Leiche« beerdigen würde. Denn die offizielle Kirche lehne es ab, Selbstmörder zu betreuen. Damals, mit 25 Jahren, fing ich an, hinter die Kulissen klerikaler Seelsorge zu schauen und mir erste Gedanken über die auf Kirchenart praktizierte Nächstenliebe zu machen. Heute will es niemand mehr gewesen zu sein.

Eine schlimme Konsequenz solcher Caritas bleibt es, daß manche Pfarrer sich an das Sterbebett von Menschen drängen, für die sie sich ein Leben lang nicht interessierten, und ungefragt und ungebeten »Beistand leisten«. Noch unappetitlicher wirkt die Unsitte, sich bei den Angehörigen für einen Totengottesdienst und eine kirchliche Beerdigung starkzumachen – und anschließend Rechnungen zuzustellen. Nicht wenige Menschen nehmen daher in ihren letzten Willen auch das ausdrückliche Verbot einer kirchlichen Leichenfeier auf. Sie wollen sich über ihren Tod hinaus treu bleiben.

Öffentliche Bestattungsinstitute, die für eine würdige Beerdigung oder Feuerbestattung sorgen, vermitteln im übrigen auch neutrale Bestattungssprecherinnen und -sprecher, die zu diesem Anlaß tätig werden. Wer sich auf solche Angebote, die es überall gibt, nicht einlassen will, kann sich schon bei Lebzeiten um einen guten Menschen kümmern, der ihm diesen letzten Dienst erweist. Warum muß es immer ein Pfarrer sein, den man ohnedies in den seltensten Fällen kennt? Warum darf es nicht ein nahestehender Mensch sein? Nichts gegen die professionellen Rednerinnen und Redner, doch mir persönlich wäre ein lieber Nächster ungleich sympathischer. Ich denke mir auch, daß eine zunehmend profaner werdende Kultur nicht nur den Beruf des Bestattungsredners hervorbringen und stärken könnte, sondern es soweit bringen müßte, daß es als normaler Ausdruck des Menschseins gilt, wenn der eine Nächste dem anderen auf diese Weise dient.

Gerade bei der höchstpersönlichen Frage nach den Umständen des eigenen Todes sollte ein Mensch so gelassen wie möglich bleiben und sich nicht von irgendwelchen Frommen ins Bockshorn jagen lassen. Erkannte er nämlich, daß die Sorge um die richtige Bestattung ebenso wie der ganze Unsterblichkeitswahn nur subtile Verbrämungen von Eitelkeit und Ruhmsucht sind, befreite er sich ein weiteres Mal von der Angst. Die in Norddeutschland zunehmend geübte Sitte, sich anonym bestatten zu lassen und auf eine Grabstätte mit dem eigenen Namen zu verzichten, weist in diese Richtung.

Ungleich menschlicher als die Sorge um das Problem, wer einmal nach Ihrem Tod an einen denke, ist die Stärkung des Ichs im Leben vor dem Tod. Ruht ein Mensch gestärkt in sich selbst, verspürt er wenig Angst um ein »Danach«. Auch wird dann die Frage nach der Form der Bestattung zweitrangig.

Bloß »verscharrt« zu werden, gilt zwar unter bürgerlich-elitär Denkenden und Fühlenden als Horrorvision. Doch zeige es zumindest ein wenig Solidarität mit den Millionen, die – auf den Schlachtfeldern, in den Konzentrationslagern – ein ähnliches Schicksal erlitten oder die – weil sie einfach arm sind – kein »anständiges« Begräbnis erhalten. Christen erinnern sich vielleicht daran, daß eine solche Solidarität jesuanisch ist.

> **Ihr Argument für den Austritt: Fast alle Angst ist von einer Greuelpropaganda eingeredet. Die Bestattung ist eine öffentliche Angelegenheit. Die Vorstellung, Menschen, die aus der Kirche austraten, würden nicht bestattet, sondern verscharrt, ist so abwegig wie die Meinung, Konfessionslose könnten nicht standesamtlich heiraten. Man sollte sich Gedanken über wichtigere Dinge machen.**

Was müssen Sie eigentlich tun, um auszutreten?

> **Wußten Sie, daß der Kirchenaustritt nur eine Sache von Minuten ist und keineswegs jene Schwierigkeiten macht, die man Ihnen einflüstert? Ein Austritt macht nicht annähernd soviel Sorge wie der nächste Gang zum Zahnarzt, denn das Problem ist viel schneller behoben als jeder Zahnschmerz. Nur müssen Sie eben einmal losgehen. Dann haben Sie alles hinter sich.**

Seit 1980 blieben die Austrittszahlen auf einem sehr hohen Niveau und erreichten 1989 mit insgesamt über 240 000 Austritten einen neuen Rekordstand. 1990 und 1991 gab es sogar einen re-

141

gelrechten Einbruch in der Mitgliederstruktur. Allein die katholische Kirche mußte 1990 über 143 000 Austritte hinnehmen, davon 103 000 in den alten Bundesländern. Diese Zahlen – und das ständig sinkende Interesse der Menschen am Kirchengeschehen – markieren einen dramatischen – und in seiner Dimension in unserem Jahrhundert wohl einmaligen – Ablösungsprozeß. Während also engagierte Theologen seit langem mit den Amtsträgern der Kirche über Jungfrauengeburt, Zölibat und Empfängnisverhütung und für eine »Kirchenreform« streiten, ziehen viele Menschen die längst fällige Konsequenz. Sie verlassen die Kirche, die wohl nie die »ihre« war, Jahr für Jahr zu Hunderttausenden.

In den letzten 20 Jahren wandelte sich die Einstellung der Bundesdeutschen total. In der Bundesrepublik zählen sich nurmehr 69 Prozent zu einer der beiden Großkirchen. Wieviele dieser statistisch Erfaßten wirklich glauben, was ihre Kirche vorschreibt, läßt sich nicht sagen. Sichere Aussagen können nur über die Tatsache gemacht werden, daß die Zahl der Kirchenaustritte stetig zunimmt. Sind Sie selbst bisher nicht ausgetreten, geschah dies vielleicht aus Angst vor Nachteilen, aus Bequemlichkeit oder aus Mangel an Information. Ich hoffe, daß ich Ihnen wenigstens ein paar Hilfen an die Hand geben konnte, Ihre Unentschlossenheit zu überwinden.

Sind Sie nun zum Entschluß gekommen, trotz alledem in der Kirche bleiben zu wollen, bitte ich Sie, diese Entscheidung entweder konsequent durchzuhalten oder immer wieder neu zu durchdenken. Wollen Sie ein entschiedener Christ werden, als Sie es bisher waren, kann sich Ihre Kirche nur freuen. Bleiben Sie unschlüssig, können Sie zu einem späteren Zeitpunkt die Argumentationshilfen, die Ihnen dieses Buch an die Hand gibt, wieder und wieder nachlesen. Bedenken Sie bitte, daß Sie sich gerade als gläubiger Christ nicht von Kirchenoberen bevormunden lassen müssen. **Denn Ihr Glaube hängt keineswegs von der Mitgliedschaft in einer Kirche ab, sondern von Ihrer persönlichen Überzeugung!**
Wollen Sie eine endgültige Folgerung ziehen und aus der Kirche austreten, müssen Sie einige Formalitäten beachten.[165] Wie gesagt, ist es leichter, getauft zu werden, als die Kirche aufzugeben,

in die Sie hineingetauft wurden. Aber unüberwindlich ist dieses Problem keineswegs.

Möchten Sie aus der Kirche austreten, müssen Sie dies *persönlich* (mit Ausweis) tun. Sie müssen dafür auf das für Ihren Wohnsitz zuständige Amtsgericht gehen, wo es eine eigene Stelle gibt (die sich auskennt und den Kirchenaustritt als einen von hunderten entgegennimmt). In manchen Bundesländern ist nicht das Amtsgericht, sondern das Standesamt die richtige Anlaufstelle. Wer für Sie zuständig ist, erfahren Sie unschwer durch einen Anruf. Eine andere als die gesetzlich vorgeschriebene Form des Austritts ist nicht wirksam. Ein Brief an den Pfarrer oder Bischof genügt ebenso wenig wie das Zurücksenden des Taufscheins an eine Kirchenbehörde.

Der Austritt vor der staatlichen Behörde muß *nicht begründet*, sondern nur zu Protokoll oder zur Niederschrift erklärt werden. Darüber hinaus kann er aber auch schriftlich erklärt werden, muß dann jedoch von einem Notar beglaubigt sein. Diese Möglichkeit ist für jene bedeutsam, die nicht persönlich bei der entsprechenden Behörde erscheinen können (z. B. wegen Behinderung, Anstaltsaufenthalt, Reise).

Den Austritt kann erklären, wer das 14. Lebensjahr vollendet hat und nicht geschäftsunfähig ist.[166] Die *Mitgliedschaft* in einer Kirche muß für den Austritt nicht nachgewiesen werden. Insbesondere muß kein Taufschein, kein Konfirmationszeugnis oder ähnliches vorgelegt werden – der Personalausweis genügt.

In der Regel soll der Kirchenaustritt keine Einschränkungen oder Bedingungen enthalten: So ist der Zusatz, der Austretende wolle nur die öffentlich-rechtliche Körperschaft Kirche, nicht aber die Glaubensgemeinschaft verlassen, juristisch umstritten (und in einigen Bundesländern sogar unzulässig). Am besten verzichten Sie von vornherein auf solche Zusätze; sie gehen den Staat gar nichts an und bringen juristisch nichts.

In der Regel verfügen die Behörden über ein entsprechendes Formular für den Kirchenaustritt, in das nur die Personalien und die entsprechende Religionsgemeinschaft eingetragen werden.[167] Das Formular wird unterzeichnet und zu den Akten genommen.

Sie selbst erhalten eine Bescheinigung über diesen Vorgang, die – wie alle wichtigeren Dokumente des Lebens – von Ihnen aufbewahrt werden könnte.[168]

Der zuständige Beamte ist nicht befugt, mit Ihnen über Ihren Schritt zu diskutieren. Er ist zu strikter Neutralität (und Verschwiegenheit) verpflichtet und darf Ihnen weder zu- noch abraten. Da solche Beamten im übrigen Jahr für Jahr Hunderte von gleichgelagerten Fällen bearbeiten, sind sie auch nicht daran interessiert, mit Ihnen mehr als das Nötigste zu besprechen. Die ganze Prozedur dauert daher, wenn Sie nicht gerade in einer Schlange stehen müssen, nur wenige Minuten. Dann sind Sie frei.

Die früher von Fall zu Fall bestehende »Bedenkzeit«, die den Kirchenaustritt erst nach Ablauf einer bestimmten Frist wirksam werden ließ, wurde mittlerweile vom Bundesverfassungsgericht für unzulässig erklärt. Gesprächsangebote, die von manchen Pfarrern angeboten werden, müssen selbstverständlich nicht akzeptiert werden. Sie ändern an der Austrittserklärung nichts. Der Austritt wird in der Regel sofort mit der Abgabe der Erklärung wirksam; die Kirchensteuerpflicht endet spätestens mit Ablauf des auf den Austritt folgenden Monats.

> **Nutzen Sie bitte Ihre Freiheit so konsequent wie möglich!** Lassen Sie sich auch nicht im nachhinein von jenen Seelsorgern umstimmen, die sich nie um Sie kümmerten und erst nach Ihrem Kirchenaustritt ein »offenes Gespräch« über Ihre Gründe führen wollen[169]! Menschen, die sich weichkochen ließen und wieder eintraten, verspürten schon bald, daß die Hirtensorge nicht von Dauer war.

Die einzelnen Bundesländer haben ihre bürokratischen Eigenheiten: Der Kirchenaustritt vor dem Amtsgericht ist gebührenfrei. Der Austritt auf dem Standesamt kostet hin und wieder eine einmalige Gebühr, die der Kommune zugute kommt. In Schleswig-Holstein liegt diese gegenwärtig bei 20 DM; in ähnlicher Höhe soll sie für Sachsen-Anhalt geplant sein. Die Kirchen kassieren – im ersteren Fall – also noch Ihre Kirchensteuer einen Monat länger als notwendig. Das Bundesverfassungsgericht erklärte diese Praxis »im Interesse einer geordneten Verwaltung« für gerade noch zulässig.[170]

Wird der Austritt im Falle der genannten Behinderungen schriftlich erklärt und von einem Notar beglaubigt, muß der Austrittswillige die Kosten des Notars tragen. In Justizvollzugsanstalten wird für den Kirchenaustritt kein Ausgang gewährt. Doch hält dort ein Rechtspfleger in regelmäßigen Abständen seine Sprechstunden. Ihm gegenüber kann auch der Kirchenaustritt erklärt werden.

Entgegen einem weitverbreiteten Irrtum müssen Sie nach einem Kirchenaustritt keine »Kultursteuern« oder sonstige Ersatzsteuern zahlen! Da wir gerade beim Geld sind: Der Kirchenaustritt ist Ländersache, der Kircheneintritt reine Kirchensache. Letzterer ist kostenlos (von den Tauffeierlichkeiten abgesehen), obwohl die Gemeinden ja die ganzen Verwaltungsarbeiten auch durchführen müssen! Ein weiteres Beispiel für die augenfällige Bevorzugung der Kirchen.

In der Tatsache, daß ein Austritt eigens *erklärt* werden muß, sehen manche eine Schikane. Allerdings muß mitbedacht werden, daß die Möglichkeit eines Kirchenaustritts und vor allem die juristische Regelung eines solchen das Ergebnis langer politischer Kämpfe im vergangenen Jahrhundert darstellt. Dieses Grundrecht mußte – wie in allen anderen Fällen – erst gegen die Kirchen erstritten werden. Die gegenwärtigen Regelungen sind Resultate dieses Kampfes um das Menschenrecht. Unbestritten, daß diese Regelungen noch nicht das letzte Wort darstellen und noch einige »christliche Restbestände« auf diesem Gebiet beseitigt werden müssen. Da sich die Kirchen auf dem Weg in die gesellschaftliche Minderheit befinden und allem Anschein auch diese Entwicklung anerkennen müssen, ist ein Ende abzusehen. Es dürfte die längste Zeit gegangen sein, daß sie – auch auf diesem Gebiet – Privilegien genießen. Die Ära der Vorteilsnahme geht für sie unwiderruflich zu Ende.

Restbestände der Privilegierung? Verglichen mit den Summen, die Sie durch den Austritt sparen, handelt es sich bei der in manchen Bundesländern erhobenen einmaligen Austrittsgebühr um eine Belanglosigkeit. Dennoch ist es ärgerlich, wenn einem mündigen Bürger zugemutet wird, sich eigens auf ein Amt begeben zu müssen, um den Austritt aus einem Verein erklären zu müssen, zu dem er in der Regel nie seinen Beitritt erklärt hatte. Und eine weitere Zumutung, für diesen Schritt auch noch zur Kasse gebeten zu werden!

Es bleibt also noch einiges zu tun. Noch ist in der Bundesrepublik nicht alles im Verhältnis von Staat, Kirche und einzelnem so geregelt, wie dies gegen Ende des 20. Jahrhunderts erwartet werden dürfte – und wie es in anderen europäischen Ländern bereits gute Übung ist. Noch immer sind die Kirchenorganisationen gegenüber den einzelnen Menschen bevorzugt, noch immer entscheiden sich Politiker im Zweifelsfall eher für die Privilegien der Großkirche als für die Rechte der Person.

Sie können mithelfen, daß dies nicht so bleibt. Wenn Sie nach Ihrem Kirchenaustritt nicht nur ihre neugewonnene Freiheit und ein privates Glück genießen wollen, sind Sie eingeladen, tatkräftig an der Verbesserung dieser Verhältnisse mitzuarbeiten. Sprechen Sie in diesem Fall auch Ihre Abgeordneten und Gemeindevertreter auf das Problem an! Nennen Sie immer wieder die konkreten Mißstände, die Sie selbst im »unmoralischen Verhältnis«[171] von Staat und Kirche erlebten!

> **Ihr Argument für die Zeit nach dem Austritt:** Wenn Sie sich zu Ihrem Entschluß bekennen, tragen Sie damit nicht nur dazu bei, daß andere es etwas leichter haben, diesen notwendigen Schritt nachzuvollziehen. Sie helfen in Ihrer Umgebung mit, die *geistige* und *finanzielle Verfilzung von Kirche und Staat* in der Bundesrepublik zu entflechten! Es wäre ein folgenschwerer Irrtum, wenn Sie meinten, allein mit dem Kirchenaustritt sei das »Problem Kirche« gelöst. Eine mehr oder weniger freundlich-indifferente Duldsamkeit gegenüber der Kirchenpolitik ist zu allerletzt angebracht. Noch ist der Schoß fruchtbar.

Anmerkungen

Dachten Sie auch schon daran, einen Schlußstrich zu ziehen?

1 J. Naisbitt-P. Aburdene, Megatrends 2000 (Düsseldorf 1991), S.

2 Vgl. den Theologieprofessor F. Böckle, der – vor dem Sturz Ceaucescus – den Vatikan und Rumänien als die beiden einzigen Staaten bezeichnete, in denen die Perestroika keinen Einzug hielt und die »kaum greifbaren Parallelen« zwischen vatikanischen Institutionen und dem Zentralkomitee der rumänischen Kommunisten in der Behandlung von Menschen zuließen: Katholische Nachrichtenagentur (KNA) vom 9. 12. 1989.

3 Heinrich Böll äußerte mir gegenüber, er habe keine kälteren Menschen kennengelernt als katholische Priester, »eiskalt bis ans Herz«: H. Herrmann, Die sieben Todsünden der Kirche. Ein Plädoyer gegen die Menschenverachtung (München 1992), S. 183.

4 So der Fachausdruck des katholischen Kirchenrechts! Vgl. H. Herrmann, Die Stellung unehelicher Kinder nach kanonischem Recht (Amsterdam 1971), S. 148.

5 Zitiert bei: K. Jäckel, Sag keinem, wer dein Vater ist! Das Schicksal von Priesterkindern (Recklinghausen 1992), S. 33.

6 Vgl. auch Jäckel, a. a. O., S. 171 ff. zum Thema »Alimente«.

7 Apostol. Mahnschreiben »Evangelica testificatio«, zitiert nach: Amtsblatt für die Diözese Rottenburg-Stuttgart vom 31. 3. 1992, S. 67.

8 Beispiel: Botschaft des Hl. Vaters zum 29. Weltgebetstag für geistliche Berufe, in: Kirchliches Amtsblatt für die Diözese Rottenburg-Stuttgart vom 31. 3. 1992, S. 67 f.

9 H. Herrmann, Die Kirche und unser Geld. Daten – Tatsachen – Hintergründe (Hamburg 1990), S. 160 ff.

10 Schreiben vom 1. 11. 1991: Amtsblatt für die Diözese Rottenburg-Stuttgart vom 31. 3. 1992, S. 68.

11 H. Herrmann, Kirchenfürsten. Zwischen Hirtenwort und Schäferstündchen (Hamburg 1992), S. 110 f.

12 Herrmann, Kirche und Geld, S. 172 f.

13 Herrmann, Kirche und Geld, S. 146.

14 Vgl. N. Lo Bello, Vatikan im Zwielicht. Die unheiligen Geschäfte des Kirchenstaates (München 1990), S. 130.

15 H. Herrmann, Eine Terminfrage, in: R. Niemann (Hrsg.), Wozu Weihnachten? (Gütersloh 1988), S. 65–68.

16 R. Reiser, Der Durchbruch des Widders. Herkunft und Sinn der österlichen Symbole, in: Süddeutsche Zeitung vom 18./19./20. 4. 1992, S.117.

17 A. Holl, Religionen (Stuttgart 1981), S.64.

18 Süddeutsche Zeitung vom 21. 4. 1992, S.5.

19 Herrmann, Kirche und Geld, S.70f.

20 Herrmann, Kirchenfürsten, S.244.

21 K. Deschner – H. Herrmann, Der Anti-Katechismus. 200 Gründe gegen die Kirchen und für die Welt (Hamburg 1991), S.100f.

22 Beispiele: Herrmann, Kirchenfürsten, S.158ff.

23 Deschner-Herrmann, a.a.O., S.106.

24 Ansprache vom 12. November 1988.

25 G. Denzler, Das Papsttum und der Amtszölibat. Erster Teil: Die Zeit bis zur Reformation (Stuttgart 1973), S.62; ders., Zur Geschichte des Zölibats. Ehe und Ehelosigkeit der Priester bis zur Einführung des Zölibatsgesetzes im Jahre 1139, in: Stimmen der Zeit 1969, S.394f.

26 Herrmann, Kirchenfürsten, S.381ff.

27 B. Häring, Sünde im Zeitalter der Säkularisation. Eine Orientierungshilfe (Graz-Wien-Köln 1974), S.11.

28 Herrmann, Kirche und Geld, S.32ff.

29 Süddeutsche Zeitung vom 18./19./20. 4. 1992.

30 H. Herrmann, Vaterliebe. Ich will ja nur dein Bestes (Reinbek 1989), S.161ff.

31 Deschner-Herrmann, a.a.O., S.153.

32 U. Ranke-Heinemann, Widerworte. Friedensreden und Streitschriften (München 1989), S.116 und 200.

33 Deschner-Herrmann, a.a.O., S.163ff.

34 Deschner-Herrmann, a.a.O., S.111f.

35 Herrmann, Todsünden, S.38f.

36 Gregor XVI. in der Enzyklika »Mirari vos« vom 15. 8. 1832: K. Deschner, Die Politik der Päpste im 20. Jahrhundert (Reinbek 1992), I, S.22.

37 Deschner-Herrmann, a.a.O., S.127ff.

38 Pius XI. Enzyklika »Quadragesimo anno« vom 15. 5. 1931, III, zitiert bei: Johannes Paul II., Enzyklika »Centesimus annus« zum hundertsten Jahrestag von »Rerum Novarum« vom 1. 5. 1991, in: Kirchliches Amtsblatt für die Diözese Rottenburg-Stuttgart vom 7. 6. 1991, S.523.

39 Beispiele: Herrmann, Kirchenfürsten, S.345ff.

40 Deschner-Herrmann, a.a.O., S.128f.

41 Herrmann, Kirche und Geld, S.152. Wohnen Sie zufällig in einer »Bischofsstadt«, können Sie sich mit eigenen Augen überzeugen: in

München, Köln, Bamberg, Münster, Fulda, Mainz, Augsburg, Regensburg und so fort.

42 Holl, a.a.O., S. 51 und 67.
43 Text: Kirchliches Amtsblatt für die Diözese Rottenburg-Stuttgart vom 12. 3. 1992, S. 51 f.
44 Katholische Nachrichtenagentur (KNA) vom 15. 1. 1991; Materialien und Informationen zur Zeit (MIZ) 4/91, S. 41.
45 Vgl. H. Herrmann, Die Angst der Männer vor den Frauen (Hamburg 1989), S. 11.
46 KNA vom 26. 6. 1989: MIZ 2/89, S. 42.
47 Beispiele: Herrmann, Kirchenfürsten, S. 110 ff. und 158 ff.
48 Ausführlich: Herrmann, Kirchenfürsten, S. 37 ff.
49 Vgl. Deschner-Herrmann, a.a.O., S. 193 ff.
50 K. Deschner, Opus diaboli. Fünfzehn unversöhnliche Essays über die Arbeit im Weinberg des Herrn (Reinbek 1987), S. 25.
51 Deschner, Opus, S. 27.
52 G. May, Demokratisierung der Kirche. Möglichkeiten und Grenzen (Wien-München 1971), S. 26 und 42.
53 Süddeutsche Zeitung vom 3. 4. 1992.
54 A. Holl, Der letzte Christ (Stuttgart 1979), S. 331 ff.
55 Ansprache am 31. 1. 1991: Presseamt des Erzbistums Köln. Dokumente, Nr. 226 vom 1. 2. 1991, S. 1–4 und MIZ 2/91, S. 5 f. Vgl. auch Frankfurter Rundschau vom 19. und 27. 11. 1991 zu Meisners Sicht des Asylantenproblems.
56 Vgl. MIZ 4/91, S. 5. Zu Dyba: Herrmann, Kirchenfürsten, S. 132.
57 Beispiele: Phil 3, 2; 2 Petr 2, 12 und 22; Tit 1, 12; Apk 22, 15.
58 F. Nietzsche, Werke in sechs Bänden (Hrsg. K. Schlechta, München 1980), IV, 1216.
59 R. Schermann, Woran die Kirche krankt (Düsseldorf-Wien 1981), S. 61.
60 So Johannes Paul II.; vgl. Ranke-Heinemann, a.a.O., S. 146.
61 Deschner, Opus, S. 19.
62 Deschner, Opus, S. 30.
63 Deschner, Opus, S. 30.
64 Deschner, Opus, S. 19.
65 Deschner, Opus, S. 28.
66 Deschner, Opus, S. 31.
67 H. Herrmann, Ketzer in Deutschland (Köln 1978), S. 228 ff.
68 H. Fuhrmann, Von Petrus zu Johannes Paul II. (München 1980), S. 172; vgl. L. v. Ranke, Die römischen Päpste in den letzten vier Jahrhunderten (Wien o. J.), S. 770.
69 A. B. Hasler, Wie der Papst unfehlbar wurde. Macht und Ohnmacht eines Dogmas (München 1979), S. 199.

70 Herrmann, Kirchenfürsten, S. 303.

71 Deschner, Politik der Päpste, II, S. 223.

72 Herrmann, Ketzer, S. 233.

73 Beispiel: Der Jesuitenmissionar und »Lehrmeister Brasiliens« de Anchieta, 1980 selig gesprochen (H. Herrmann, Papst Wojtyla. Der heilige Narr, Reinbek 1983, S. 220).

74 Text des Aufrufes der Deutschen Bischofskonferenz: Kirchliches Amtsblatt für die Diözese Rottenburg-Stuttgart vom 12. 3. 1992, S. 52.

75 Einzelheiten bei: Herrmann, Kirche und Geld, S. 82 ff.

76 Kirchliches Amtsblatt für die Diözese Rottenburg-Stuttgart vom 31. 3. 1992, S. 68: Papst Wojtyla engt das Wort Jesu (Mt 5, 13) auf seinen eigenen Klerus ein!

77 R. Reagan über Johannes Paul II.: Deschner, Politik, II, S. 555.

78 Herrmann, Papst, S. 38 f.

79 Herrmann, Kirchenfürsten, S. 392.

80 Herrmann, Papst, S. 53.

81 Zu Kardinal Cody (Chicago): Herrmann, Kirchenfürsten, S. 381 ff.; zum Vorgang: D. A. Yallop, Im Namen Gottes? der mysteriöse Tod des 33-Tage-Papstes Johannes Paul I. Tatsachen und Hintergründe (München 1988), S. 418 f.

82 Yallop, a. a. O., S. 453.

83 Herrmann, Kirchenfürsten, S. 374 ff.

84 Stern vom 11. 4. 1990, S. 254.

85 Vgl. auch Herrmann, Kirche und Geld, S. 225 ff.

86 Herrmann, Kirchenfürsten, S. 121.

87 O. Wilde, Das Bildnis des Dorian Gray (Dortmund 1985), S. 9.

88 Beispiele: Hasler, a. a. O., S. 50, 56, 67 f., 84 und 192; Herrmann, Kirchenfürsten, S. 37 ff. und 289 ff.

89 Denzler, Papsttum, S. 62 ff. und Herrmann, Kirchenfürsten, S. 166 f.

Wissen Sie, welche Unmengen Sie glauben sollen und wieviel Sie das kostet?

1 K. Deschner, Nur Lebendiges schwimmt gegen den Strom. Aphorismen (Basel 1985), S. 86.

2 K. Deschner, Der gefälschte Glaube. Eine kritische Betrachtung kirchlicher Lehren und ihrer historischen Hintergründe (München 1988), S. 9 (auch zum folgenden).

3 K. Deschner – H. Herrmann, Der Anti-Katechismus. 200 Gründe gegen die Kirchen und für die Welt (Hamburg 1991), S. 136 ff.

4 Deschner, Glaube, S. 14 f.

5 Für viele: R. Bultmann, Das Urchristentum im Rahmen der antiken Religionen (Zürich 1949), S. 102.

6 Deschner, Glaube, S. 97.

7 K. Grobel, Formgeschichte und synoptische Quellenanalyse (Göttingen 1937), S. 65.

8 Deschner, Glaube, S. 32 ff.

9 Vgl. H. Küng, Christsein (München 1974), S. 275 und 636 zum Stand der Diskussion.

10 Vgl. zum Ganzen: W. Fricke, Standesrechtlich gekreuzigt. Person und Prozeß des Jesus aus Galiläa (Reinbek 1988), S. 19 f., 24 f., 37, 44 f. und 60 f.

11 Vgl. auch die Geschichte vom »reichen Fischzug Petri«, die sich bei dem Heiden Pythagoras findet. Dieser kaufte freilich den Fischern den Zug ab, um den Fischen wieder ihre Freiheit zu schenken: eine Geste, die das Evangelium nicht kennt (Arthur Schopenhauer, zitiert bei: J. Welter, A. Schopenhauer, in: K. Deschner (Hrsg.), Das Christentum im Urteil seiner Gegner (München 1986), S. 179 f.). Andere Anleihen der christlichen Religion bei den »Heiden«: Deschner, Glaube, S. 83 ff., 103 ff., 114 ff. und 123 ff. (hier: Eucharistie als »Ritual der Verspeisung eines Gottes«).

12 K. Ahlheim, Celsus, in: Deschner, Christentum, S. 22.

13 Henry Miller (1891–1980): »Kann man sich vorstellen, daß Jesus einen akademischen Grad erhielt? Etwa wegen seiner Krankenheilungen zum Ehrendoktor gemacht wurde? Von allen Graden hätte der ›Doktor der Theologie‹ am wenigsten zu ihm gepaßt.« (Zitiert bei: K. Deschner, H. Miller, in: Deschner, Christentum, S. 531).

14 H. Braun, Spätjüdisch-häretischer und frühchristlicher Radikalismus. Jesus von Nazareth und die essenische Qumran-Sekte (Tübingen 1957), II, S. 67, A. 1.

15 G. Wyneken, Abschied vom Christentum (München 1963), S. 95.

16 Deschner, Glaube, S. 27 ff.

17 Deschner – Herrmann, a. a. O., S. 148.

18 Deschner, Glaube, S. 99 ff.

19 Deschner, Glaube, S. 85 f.

20 Deschner, Glaube, S. 129 ff. Zur späteren Dogmatisierung des Abendmahls (und der Wesensverwandlung von Brot und Wein): G. Hasenhüttl, Kritische Dogmatik (Graz-Wien-Köln 1979), S. 204 ff.

21 F. C. Overbeck, Christentum und Kultur. Gedanken und Anmerkungen zur modernen Theologie (Basel 1919), S. 55.

22 Deschner, Glaube, S. 100 ff. und 117 ff.

23 Beispielsweise muß ein getaufter Säugling, der eine Erbschaft machte, sogleich Kirchensteuer zahlen: J. Kahl, »Erziehung ohne Reli-

gion«, in: G. Szcesny (Hrsg.) Jahrbuch für kritische Aufklärung. Club Voltaire IV (München 1963), S. 250 ff.

24 Th. Reik, Dogma und Zwangsidee. Eine psychoanalytische Studie zur Entwicklung der Religion (Stuttgart 1973), S. 45.

25 Deschner, Glaube, S. 75.

26 G. Wyneken, Abschied vom Christentum (München 1963), S. 41.

27 Beispiele und Belege aus wenigen Jahrhunderten etwa bei: K. Deschner, Kriminalgeschichte des Christentums, Bd. II Die Spätantike (Reinbek 1988), S. 93–242.

28 A. B. Hasler, Wie der Papst unfehlbar wurde. Macht und Ohnmacht eines Dogmas (München 1979), S. 37, 50, 56, 67 f., 84 und 189.

29 Deschner, Glaube, S. 122.

30 Deschner – Herrmann, a. a. O., S. 28 ff.

31 H. J. Vogt, Politische Erfahrung als Quelle des Gottesbildes bei Kaiser Konstantin d. Gr., in: Dogma und Politik. Zur politischen Hermeneutik theologischer Aussagen (Mainz 1973), S. 35–61.

32 Deschner, Glaube, S. 39.

33 Konzil von Nikaia (787): K. Deschner, Kriminalgeschichte des Christentums, Bd. III Die alte Kirche. Fälschung, Verdummung, Ausbeutung, Vernichtung (Reinbek 1990), S. 549.

34 Ein Beispiel aus dem 19. Jahrhundert, die Vernichtung der 4158 Bände mit Prozeßunterlagen der Inquisition, bei: Hasler, a. a. O., S. 196.

35 Deschner, Kriminalgeschichte, III, S. 191 ff.

36 Deschner, Glaube, S. 45 ff.

37 Deschner, Kriminalgeschichte, III, S. 241 ff.; H. Herrmann, Kirchenfürsten. Zwischen Hirtenwort und Schäferstündchen (Hamburg 1992), S. 306 ff.

38 Herrmann, Kirchenfürsten, S. 48 ff.

39 Deschner – Herrmann, a. a. O., S. 197 ff.

40 Details bei: K.-H. Ohlig, Braucht die Kirche einen Papst? Umfang und Grenzen des päpstlichen Primats (Düsseldorf 1973).

41 Zur Frage des »Petrusgrabes« unter dem Petersdom: Herrmann, Kirchenfürsten, S. 37 ff.

42 Deschner, Glaube, S. 183.

43 Beispiel: Bonifaz VIII. (Herrmann, Kirchenfürsten, S. 61 ff.)

44 R. Lill, »Gewissensfreiheit: albernes Geschwätz«. Unhaltbare Lehräußerungen von Päpsten sind in der Kirchengeschichte nichts Neues, in: FAZ vom 15. 7. 1969, S. 17. Beispiele für ausgemachte Irrtümer von Päpsten: Deschner, Glaube, S. 193 ff.

45 H. Herrmann, Papst Wojtyla. Der heilige Narr (Reinbek 1983), S. 179 ff.

46 G. Ch. Lichtenberg, Sudelbücher (Hrsg. F. H. Mautner, Frankfurt a. M. 1984), S. 350.

47 Hasenhüttl, a. a. O., S. 271.

48 Hasenhüttl, a. a. O., S. 188 f.

49 Papst Pius X. im »Antimodernisteneid« von 1910: Hasenhüttl, a. a. O., S. 162.

50 Hasenhüttl, a. a. O., S. 224.

51 C. 920 § 1 des kirchlichen Gesetzbuches.

52 Hasenhüttl, a. a. O., S. 214. Vgl. zum Sakrament der Buße, das die Sünderinnen und Sünder auf besonders subtile Weise den Herren der Kirche unterwirft: Deschner, Glaube, S. 149 ff.

53 Zum Ganzen vgl. H. Herrmann, Ehe und Recht. Versuch einer kritischen Darstellung (Freiburg-Basel-Wien 1972), S. 118 ff.

54 H. Herrmann, Die sieben Todsünden der Kirche. Ein Plädoyer gegen die Menschenverachtung (München 1992), S. 101 ff.

55 Viertes Laterankonzil (1215): Hasenhüttl, a. a. O., S. 167 f.

56 Konzil von Florenz (1439): Hasenhüttl, a. a. O., S. 168.

57 Süddeutsche Zeitung vom 7. 4. 1992.

58 Süddeutsche Zeitung vom 8. 4. 1992: Apostolisches Schreiben Johannes Pauls II. »Pastores dabo vobis«, das den Pflichtzölibat als »unschätzbares Geschenk Gottes« bezeichnet und »nicht den geringsten Zweifel an der festen Entschlossenheit der Kirche« zuläßt, das Gesetz aufrechtzuerhalten.

59 K. Jäckel, Sag keinem, wer dein Vater ist! Das Schicksal von Priesterkindern (Recklinghausen 1992), S. 195.

60 Mt 23, 7 ff.; Mt 19, 23 f., Mk 10, 25; Lk 18, 25.

61 R. Hernegger, Macht ohne Auftrag. Die Entstehung der Staats- und Volkskirche (Olten-Freiburg 1963), S. 113.

62 Hernegger, a. a. O., S. 53 f.

63 E. Fromm, Das Christusdogma und andere Essays (München 1965), S. 58 ff.

64 Herrmann, Todsünden, S. 187 ff.

65 H. Kühner, Das Imperium der Päpste (Zürich-Stuttgart 1977), S. 276.

66 Deschner, Glaube, S. 165. Gerade auf diesem Gebiet ist der Zusammenhang von Herrschaftswille, Beutelschneiderei und Sündenangst besonders offensichtlich.

67 W. Reich, Die Entdeckung Orgons. Die Funktion des Orgasmus. Sexualökonomische Grundprobleme der biologischen Energie (Frankfurt a. M. 1972), S. 169: »Die Sexualunterdrückung hat die Funktion, die Hörighaltung der Menschen zu erleichtern, ebenso wie die Kastration der Hengste und Stiere willige Zugtiere zu sichern hat.«

68 Noch H. Rost, Die katholische Kirche, die Führerin der Menschheit (Westheim 1949), S. 236 nennt den Ablaß »einen der größten Faktoren der Wirtschaftsgeschichte«.

69 Herrmann, Todsünden, S. 108 f.

70 Deschner, Glaube, S. 81.

71 Fromm, a. a. O., S. 58 f.

72 Einzelheiten bei: Herrmann, Kirchenfürsten, S. 153, 332, 346 und 349.

73 Jäckel, a. a. O., S. 197.

74 »Weltbild« vom 4. 11. 1988. Die neuesten Umfragen erbringen noch negativere Resultate für die Kirche. Vgl. Herrmann, Kirche und Geld, S. 109.

75 Jäckel, a. a. O., S. 196.

76 So zu Recht: E. Drewermann (Süddeutsche Zeitung vom 21. 4. 1992, S. 5).

77 Vgl. Herrmann, Kirche und Geld, S. 253 f. A. 40.

78 Herrmann, Kirchenfürsten, S. 205 f.

79 Vgl. nur die Fragen nach der Stellung der Frauen, der »Laien«, der ArbeitnehmerInnen, der wiederverheirateten Geschiedenen.

80 Herrmann, Kirche und Geld, S. 98 ff.

81 Herrmann, Kirche und Geld, S. 12 f.

82 H. Herrmann, Eine Kameraderie, die nicht mit der biblischen Botschaft zu begründen ist, in: P. Rath (Hrsg.) Die Bannbulle aus Münster oder Erhielte Jesus heute Lehrverbot? (München-Hamburg 1976), S. 22 ff.

83 Vgl. Herrmann, Kirche und Geld, S. 32 ff.

84 Herrmann, Kirchenfürsten, S. 260 ff.

85 So eben erst das »Landeskomitee der Katholiken in Bayern«: Süddeutsche Zeitung vom 7. 4. 1992.

86 Für viele: G. May, Demokratisierung der Kirche. Möglichkeiten und Grenzen (Wien-München 1971), S. 26 und 42.

87 Das neueste Beispiel für die Schwalbe, die keinen Sommer macht, berichtet die Süddeutsche Zeitung vom 9. 4. 1992: »Verzicht auf Einnahmen: Die Kirche als Umweltschützer. Verpachtung von Biotopen zum günstigen Sonderpreis«.

88 U. Fiebig, Die Rolle der Großkirchen in der Bundesrepublik Deutschland in sozialdemokratischer Sicht, in: J. Albertz (Hrsg.), Die Rolle der Großkirchen in der Gesellschaft der Bundesrepublik Deutschland (Wiesbaden 1983), S. 202.

89 Vgl. nur den Tatbestand, daß in der Bundesrepublik noch ein Konkordat in Geltung ist, in dem Hitler der Catholica unter anderem die Kirchensteuer garantierte: Herrmann, Kirche und Geld, S. 113 und 163 f. Als ultrakatholisch geltende Länder wie Italien und Spa-

nien lösten sich dagegen von ihrer konkordatär-faschistischen Vergangenheit (Herrmann, a.a.O., S. 243 f.)

90 Vgl. A. C. Hudal, Römische Tagebücher. Lebensbeichte eines alten Bischofs (Graz-Stuttgart 1976), S. 81 und 200 zur Devise Papst Leo's XIII.

91 U. und J. Neumann, Theologie als Glaubensgehorsam. Anmerkungen zu einem bemerkenswerten Dokument der römischen Kongregation für die Glaubenslehre, in: Materialien und Informationen zur Zeit (MIZ) 3–4/1990, S. 21–28 und 1/1991, S. 34 ff.

92 Zitiert bei: W. Beutin, F. Nietzsche, in: Deschner, Christentum, S. 357.

93 Präambel des Bonner Grundgesetzes, Vorspruch zur Verfassung des Landes Baden-Württemberg vom 11. 11. 1953, Vorspruch zur Verfassung des Freistaates Bayern vom 2. 12. 1946, Präambel der Verfassung für das Land Nordrhein-Westfalen vom 28. 6. 1950, Vorspruch der Verfassung für Rheinland-Pfalz vom 18. 5. 1947.

94 Jäckel, a.a.O., S. 198.

95 G. Facius, Rapide sank das Ansehen des Papstes, in: Die Welt vom 25. 1. 1990, S. 5.

96 B. Matuscheck-Labitzke, Karpfen und Stroh vom Minister, in: Süddeutsche Zeitung vom 3. 3. 1992.

97 Herrmann, Kirchenfürsten, S. 237.

98 Ausnahmen bei: Herrmann, Kirche und Geld, S. 121 und 159.

99 Herrmann, Kirchenfürsten, S. 265.

100 »Weltbild« vom 11. 1. 1991, S. 32.

101 Herrmann, Kirche und Geld, S. 98.

102 K. Deschner, Opus diaboli. Fünfzehn unversöhnliche Essays über die Arbeit im Weinberg des Herrn (Reinbek 1987), S. 203.

103 Einzelheiten zu den jüngsten Bank- und Börsenaffären des Vatikans: Herrmann, Kirchenfürsten, S. 374 ff.

104 Herrmann, Kirche und Geld, S. 118.

105 Katholische Nachrichtenagentur vom 7. 1. 1987.

106 Herrmann, Kirchenfürsten, S. 237.

107 Herrmann, Kirche und Geld. S. 260 A. 42.

108 Herrmann, Kirchenfürsten, S. 239.

109 Joachim Kaiser: Süddeutsche Zeitung, Magazin, Nr. 15 vom 10. 4. 1992, S. 25.

110 F. Buggle, Denn sie wissen nicht, was sie glauben. Oder warum man redlicherweise nicht mehr Christ sein kann (Reinbek 1992), S. 3.

111 Buggle, a.a.O., S. 3.

112 Le Figaro (Paris) zum »Fall Drewermann«, zitiert nach: Süddeutsche Zeitung vom 10. 4. 1992.

113 Deschner, Glaube, S. 217 zum »Fall Küng«.

114 H. Mynarek, Herren und Knechte der Kirche (Köln 1973), S. 279. Zum Thema grundsätzlicher und nicht nur fantastisch-augenwischerischer Religionskritik vgl. auch dens., Religiös ohne Gott? (München 1989) und dens., »Ökologische Religion« (München 1990) sowie »Die Vernunft des Universums« (München 1988) und »Mystik und Vernunft. Zwei Pole einer Wirklichkeit (Olten-Freiburg i. B. 1991).

115 Deschner, Glaube, S. 218.

116 Vgl. Der Spiegel Nr. 12/1992 vom 16. 3. 1992, S. 59.

117 Apk 3, 16: »Weil du aber weder kalt noch warm bist, spucke ich dich aus!«

118 Buggle, a. a. O., S. 21 ff.

119 Beispiele: H. Herrmann, Kein Vater, keine Liebe, in: J. Brauers (Hrsg.), Mein Gottesbild (München 1990), S. 142.

120 Münstersche Zeitung vom 24. 3. 1992

121 Süddeutsche Zeitung vom 8. 4. 1992.

122 So für viele: Percy Bysshe Shelley (1792–1822) bei: G. Borchardt, Percy Bysshe Shelley, in: Deschner, Christentum, S. 188.

123 H. Herrmann, Vaterliebe. Ich will ja nur dein Bestes (Reinbek 1989), S. 18 ff.

124 Nicht ohne Grund sind »Väter« (Patres, fathers, padres u. ä.) bis hin zum »Heiligen Vater« Lieblingsgestalten der Catholica.

125 Ausführlich: Herrmann, Vaterliebe, S. 89–109 sowie H. Herrmann, Die Angst der Männer vor den Frauen (Hamburg 1989), S. 164 ff.

126 Herrmann, Vaterliebe, S. 70 ff.

127 Herrmann, Vaterliebe, S. 56 ff.

128 Vgl. auch Shelley: Borchardt, a. a. O., S. 188.

129 Zitiert nach: Kirchenaustritt – keine Frage des Geldes!, in: Kristall. Zeitschrift für Geistesfreiheit und Humanismus 2 (1992), Heft 1, S. 21.

130 Heinrich Heine, zitiert bei: W. Beutin, Heinrich Heine, in: Deschner, Christentum, S. 207.

131 Zitiert bei: W. Halbfaß, D. Diderot, in: Deschner, Christentum, S. 105.

132 Vgl. Herrmann, Vaterliebe, S. 96.

133 Zitiert nach: J. Welter, Arthur Schopenhauer in: Deschner, Christentum, S. 164.

134 Zitiert bei: Beutin, Nietzsche, in: Deschner, Christentum, S. 358.

135 Friedrich der Große an den sächsischen Gesandten von Suhm (22. Juni 1737), zitiert bei: G. v. Frankenberg, Friedrich der Große, in: Deschner, Christentum, S. 149.

136 Kurt Tucholsky, zitiert bei: W. Beutin, K. Tucholsky, in: Deschner, Christentum, S. 512.

137 Nietzsche: »Und er selbst, so blaß, so schwach, so decadent... Selbst die Blassesten der Blassen wurden noch über ihn Herr, die Herrn Metaphysiker, die Begriffs-Albinos... Verfall eines Gottes.« (Zitiert bei: Beutin, Nietzsche, S. 358).

138 Th. Lessing, zitiert bei: Th. Ayck, Th. Lessing, in: Deschner, Christentum, S. 455 f.

139 Kirchliches Gesetzbuch von 1983: c. 1247.

140 Vgl. Mark Twain (1835–1910) bei: Th. Ayck, Mark Twain, in: Deschner, Christentum, S. 330.

Müssen Sie unbedingt in der Kirche bleiben, um Gutes zu tun?

1 F. Buggle, Denn sie wissen nicht, was sie glauben. Oder warum man redlicherweise nicht mehr Christ sein kann (Reinbek 1992), S. 285 (auch zum folgenden).

2 Ein Wesensmerkmal aller patriarchalen Denk- und Handlungsanleitungen: H. Herrmann, Vaterliebe. Ich will ja nur dein Bestes (Reinbek 1989), S. 155 ff.

3 Vgl. Mt 5, 29; 10, 28; 11, 23; 23, 33; Lk 10, 15: 12, 5.

4 Vgl. besonders die »Geheime Offenbarung« des Johannes!

5 H. Herrmann, Kirchenfürsten. Zwischen Hirtenwort und Schäferstündchen (Hamburg 1992), S. 325.

6 Buggle, a. a. O., S. 287. Vgl. Herrmann, Vaterliebe, S. 121 ff.

7 So der Titel des auf viele Bände berechneten Standardwerks von K. Deschner (Reinbek 1986 ff.).

8 Zitiert bei: K. Ahlheim, F. Hebbel, in: K. Deschner (Hrsg.), Das Christentum im Urteil seiner Gegner (München 1986), S. 285.

9 K. Deschner, Einführung, in: ders., Christentum, S. 7.

10 Ein Beispiel nennt die Süddeutsche Zeitung vom 16./17. 4. 1992, S. 27: »In Alsmoos bangen Eltern um ihre Kinder. Das Engelwerk predigt die »heilige Unwahrheit«. Wie Fundamentalisten in Schwaben ganze Dörfer und Familien entzweien.«

11 Buggle, a. a. O., S. 65 ff. Voltaire nennt die hier ebenso einschlägige Inquisition eine »ganz und gar christliche Erfindung«, um den Papst mächtiger zu machen (Dictionnaire philosophique).

12 Questions sur L'Encyclopédie (1771), II, zitiert bei: V. Neumann, Voltaire, in: Deschner, Christentum, S. 88.

13 C. A. Helvétius, zitiert bei: V. Mack, C. A. Helvétius, in: Deschner, Christentum, S. 121.

14 Herrmann, Kirchenfürsten. S. 86 ff. und 112 ff.

15 Voltaire, zitiert bei: V. Neumann, a. a. O., in: Deschner, Christentum, S. 86.

16 K. Deschner-H. Herrmann, Der Anti-Katechismus. 200 Gründe gegen die Kirchen und für die Welt (Hamburg 1991), S. 14 ff.

17 L. Veuillot, zitiert nach: U. Neumann, Johannes Dyba, der heilige Bonifatius und die Geister, die wie gerufen kommen, in: MIZ 1/92, S. 26.

18 Zitiert bei: Ahlheim, Hebbel, S. 287.

19 Vgl. K. Lehmann – K. Rahner (Hrsg.), Marsch ins Getto? (München 1973)

20 Zitiert bei: Der Spiegel Nr. 45/1990 vom 5. 11. 1990, S. 113 ff.

21 Vgl. Herrmann, Kirche und Geld, S. 228 sowie Süddeutsche Zeitung vom 5. 11. 1987 und MIZ 4/1987, S. 26.

22 Zitiert nach: Halbfaß, a. a. O., S. 106.

23 Buggle, a. a. O., S. 289.

24 Deschner, Einführung, S. 7.

25 Zum »grauen Heer« der Mitläufer: Buggle, a. a. O., S. 360 ff.

26 Herrmann, Vaterliebe, S. 104.

27 Vgl. F. Nietzsche, Menschliches, Allzumenschliches. Ein Buch für freie Geister, in: K. Schlechta (Hrsg.), F. Nietzsche. Werke in sechs Bänden, (München 1980), II, 539 f.

28 Vgl. für viele: FAZ vom 14. 8. 1991. Zum Thema: J. Neumann, Tun die Kirchen wirklich soviel Gutes? Eine kritische Bestandsaufnahme christlicher Sozialarbeit (1992 als Manuskript gedruckt)

29 Alle Angaben in diesem Zusammenhang bei: J. Brauers (Hrsg.), Mein Gottesbild. Fünfzig Beiträge namhafter Autoren (München 1990), S. 350 f.

30 Dieses Modell soll nach dem Wunsch der deutschen Oberhirten sogar in ein künftiges Europa exportiert werden, weil es nicht nur einmalig auf der Welt ist, sondern auch einmalig viel Geld in die Kirchenkassen bringt: H. Herrmann, Die Kirche und unser Geld. Daten-Tatsachen-Hintergründe (Hamburg 1990), S. 124 ff.

31 J. Neumann, a. a. O.

32 Vgl. den Trierer Oberhirten H. J. Spital, Kirchliche Beratung im Spannungsfeld von Seelsorge und Kirche in der heutigen Welt, in: Kirchliche Beratungsdienste. Studientagung 1986 der Herbst-Vollversammlung der Deutschen Bischofskonferenz (Arbeitshilfe Nr. 51, Bonn 1987), S. 32–43.

33 J. Neumann, a. a. O.

34 Proske, a. a. O., S. 19 f. und MIZ 2/91, S. 57 sowie Frankfurter Rundschau vom 31. 1. 1991. Zur konkreten Einflußnahme der Kirchen in den neuen Bundesländern: MIZ 1/92, S. 47 f.; MIZ 4/91, S. 41 und 47; MIZ 3/91, S. 47: MIZ 2/91, S. 55 f.; Katholische Nachrich-

tenagentur vom 2. und 6. 2. 1991 sowie vom 17. 9. 1991, vom 18. 4. 1991 und vom 21. 12. 1991.

35 Vgl. MIZ 1/92, S. 46 sowie FAZ vom 13. 11. 1991. J. Neumann, a. a. O., spricht im Zusammenhang mit den Entwicklungen in den neuen Bundesländern zu Recht von einer »Sachsen- und Slavenmission der 90er Jahre des 20. Jahrhunderts« mit Hilfe eines »Wohlfahrtsimperialismus«.

36 Vgl. F. L. Schütte, Caritas im geeinten Deutschland, in: MIZ 1/91, S. 9 ff. sowie Deutsches Allgemeines Sonntagsblatt vom 6. 12. 1991.

37 K. Deschner, Opus diaboli. Fünfzehn unversöhnliche Essays über die Arbeit im Weinberg des Herrn (Reinbek 1987), S. 126.

38 Vgl. Herrmann, Kirche und Geld, S. 213 ff.

39 Vgl. U. Röhm, Die Kasse der Kirchen, in: Freitag Nr. 14/92 vom 27. 3. 1992.

40 Vgl. das Kapitel »Das fromme Märchen von der Caritas«, in: Herrmann, Kirche und Geld, S. 191 ff., das nicht nur wenige Tage nach Erscheinen zu einer Anfrage im Bundestag führte, sondern auch eine Lawine von Anfragen und Mitteilungen an den Autor auslöste.

41 Katholische Nachrichtenagentur vom 21. 9. 1990, Kirchenzeitung des Erzbistums Köln vom 21. 9. 1990 und Materialien und Informationen zur Zeit (MIZ) 4/91, S. 40.

42 MIZ 4/88, S. 65: Das neue Krankenhausfinanzierungsgesetz gestattet keine öffentlichen Zuschüsse mehr für den Bau einer Kapelle, sondern »nur« noch für das Sprechzimmer des Anstaltsgeistlichen. Die Klage der Kirchen ließ nicht lange auf sich warten.

43 Einzelheiten: Herrmann, Kirche und Geld, S. 206 ff.

44 Beispiele: MIZ 1/91, S. 43 f.

45 Beispiele über die Lage der Arbeitnehmerinnen und Arbeitnehmer im Kirchendienst, für die Gewerkschaften nicht in Frage kommen und die besondere »Dienstverträge« mit entsprechenden Kündigungsklauseln akzeptieren müssen: Herrmann, Kirche und Geld, S. 225 ff.

46 Röhm, a. a. O.

47 MIZ 3/91, S. 44.

48 J. Neumann, a. a. O.

49 MIZ 2/91, S. 55 und FAZ vom 19. 2. 1991.

50 J. Neumann, a. a. O.

51 Zitiert nach: E. Dahl, Im Anfang war der Egoismus. Den Ursprüngen menschlichen Verhaltens auf der Spur (Düsseldorf-Wien-New York 1991), S. 13.

52 U. Neumann, a. a. O., S. 27.

53 Buggle, a. a. O., S. 13.

54 Buggle, a. a. O., S. 15.

159

55 Zu diesem Skandal: Buggle, a. a. O., S. 68–203.

56 Buggle, a. a. O., S. 15.

57 Zitiert bei: Beutin, a. a. O., S. 357.

58 S. Freud, zitiert bei: H. Wollschläger, Sigmund Freud, in: Deschner, Christentum, S. 414.

59 Zitiert bei: Buggle, a. a. O., S. 18.

60 Buggle, a. a. O., S. 13.

61 Buggle, a. a. O., S. 371.

62 MIZ 1/92, S. 45 und Süddeutsche Zeitung vom 30. 11. 1991.

63 Vgl. Buggle, a. a. O., S. 298–358, zu einigen »prominenten Glaubensgaranten« der Bundesrepublik. Theodor Lessing: »Heute, wo die Profeten (von profiteri, gestehen) abgelöst sind durch Professoren (von proficere, nützen), welche wohlgeübt sind, sowohl Mükken zu seihen als Kamele zu schlucken, da wundert sich offenbar keiner mehr, wenn irgendein Krumm- oder Schleiermacher redet über ›den im Entwicklungsprozeß sich offenbarenden Gottesgeist‹…, grade als ob all dieses krüde Zeugs sich ganz von selber verstünde.« (Zitiert bei: T. Ayck, Th. Lessing, in: Deschner, Christentum, S. 454 f.).

64 Buggle, a. a. O., S. 363.

65 Zu den Summen, die jährlich – aus öffentlichen Kassen! – für Universitätsfakultäten der Theologie und den allerorts anzutreffenden »Religionsunterricht« ausgegeben werden: Herrmann, Kirche und Geld, S. 202 ff.

66 Buggle, a. a. O., S. 17.

67 Zitiert bei: Buggle, a. a. O., S. 22. Eine exemplarische Auseinandersetzung mit diesem Theologen findet sich bei: Buggle, a. a. O., S. 210–280.

68 Süddeutsche Zeitung vom 4. 4. 1992.

69 Buggle, a. a. O., S. 286.

70 Aus eigener Erfahrung als Priester weiß ich genug über die Ängste, die beispielsweise das »Freitagsgebot« machte: Am »Todestag des Herrn« Fleischspeisen zu genießen, galt als Sünde und mußte bereut, gebeichtet, gebüßt werden! Mittlerweile will sich allerdings niemand mehr erinnern lassen.

71 J. Kuss, Fragmentarische Notizen eines Außenseiters (München 1979), S. 97.

72 J. Neumann, Ursprünge und sozialpolitische Motive der Wohlfahrtspflege in Württemberg, dargestellt an den Anfängen dreier Behindertenheime, in: Baden-Württemberg. Eine politische Landeskunde, Teil II (Hrsg. H.-G. Wehling und D. Langewiesche, Stuttgart-Berlin-Köln 1991), S. 76 f.

73 Mt 10, 42; 25, 40 ff.

74 Neumann, Tun die Kirchen . . ., a. a. O.
75 Süddeutsche Zeitung vom 4. 4. 1992.
76 Herrmann, Kirche und Geld, S. 200 ff.
77 Herrmann, Vaterliebe, S. 104.
78 Zitiert bei: W. Beutin, Heinrich Heine, in: Deschner, Christentum, S. 211. Vgl. auch Hermann Hesse: »Daß die Pfaffen im heutigen Germanien gegen unsereinen die Standhaftigkeit und Angriffslust aufbringen würden, die sie gegen Hitler nicht hatten, war zu erwarten; es ist da nichts, was mich wundert.« (H. Hesse, Politik des Gewissens, Politische Schriften II, Frankfurt a. M. 1977, S. 767).
79 Deschner, Einführung, S. 13.
80 H. Herrmann, Wie die Kirche mit unserem Geld überlebt, in: B. Kuckertz (Hrsg.), Kreuzfeuer. Die Kritik an der Kirche (München 1991), S. 277 f.
81 Pierre Bayle (1646–1706), zitiert bei: V. Mack, P. Bayle, in: Deschner, Christentum, S. 76.
82 J. Neumann, a. a. O.
83 Vgl. MIZ 2–3/83, S. I zu A. Feige; Kirchenaustritte – Eine soziologische Untersuchung von Ursachen und Bedingungen (Gelnhausen-Berlin 1977).
84 Beispiele: Herrmann, Kirchenfürsten, S. 132 sowie G. Rampp, Erwiderung, in: MIZ 2–3/1983, S. II.
85 J. Neumann, a. a. O.
86 J. Neumann, a. a. O.
87 Herrmann, Kirche und Geld, S. 170 ff.
88 Vgl. F. Spiegelhalter, Der dritte Sozialpartner (Freiburg 1990), S. 19.
89 Neuestes Beispiel klerikaler Erbschleicherei: MIZ 1/92, S. 45 und taz vom 28. 11. 1991.
90 Zitiert nach: Herrmann, Kirche und Geld, S. 193.
91 Vgl. die 1990 im Auftrag der bayerischen Evangelischen Landeskirche durchgeführte Repräsentativuntersuchung: MIZ 3/91, S. 45 f. und Rheinischer Merkur vom 29. 3. 1991.
92 Allein die Katholiken des Erzbistums Köln spendeten für das Hilfswerk »Misereor« seit 1959 rund 271 Millionen DM. 1991 betrug die Spende 6,72 Millionen DM, rund 3,9 Prozent mehr als im Vorjahr: Kölner Stadtanzeiger vom 12. 3. 1992.
93 Vgl. Herrmann, Kirche und Geld, S. 212 f. sowie, als neuesten Fall, die möglichen Verstrickungen des Diakonischen Werks in die Geschäfte des Herrn Schalck-Golodkowski: Süddeutsche Zeitung vom 18./19./20. 4. 1992, S. 10.
94 Herrmann, Kirche und Geld, S. 124 ff.
95 J. Neumann, a. a. O.
96 J. Neumann, a. a. O.

97 Süddeutsche Zeitung vom 16./17. 4. 1992.

98 Details zu den Unsummen, die solche Klerikalobjekte kosten: Herrmann, Kirche und Geld, S. 71 f.

99 Konkreter Fall in Möhrendorf (bei Erlangen): Süddeutsche Zeitung vom 14. und 16. 3. 1992.

100 Vgl. MIZ 2/91, S. 62 und die Meldung der Katholischen Nachrichtenagentur vom 15. 3. 1991 über eine Ansprache des Wojtyla-Papstes: »Alle Reste von Materialismus und Atheismus sind auszumerzen!«

101 Gregor XIII. im Jahr 1584: K. Deschner, Opus diaboli. Fünfzehn unversöhnliche Essays über die Arbeit im Weinberg des Herrn (Reinbek 1987), S. 31 f.

102 G. O. Sleidan, Papst, Kurie und Weltkrieg. Historisch-kritische Studie (Berlin 2. Aufl. 1918), S. 27.

103 Sleidan, a. a. O., S. 35 f.

104 c. 748 § 1.

105 Süddeutsche Zeitung vom 16./17. 4. 1992.

106 K. Deschner. Kaiser Julian, in: ders., Christentum, S. 38. Die Christen verziehen dem »Apostaten« diese Wahrheit nicht: Sie feierten den Tod Julians mit Gastmählern, Tanzveranstaltungen in den Kirchen und Theatern, zerstörten das Andenken an ihn: Deschner, ebda., S. 41.

107 G. O. Sleidan, Deutschland und der Vatikan. Ein Beitrag zur politischen Orientierung (Berlin 2. Aufl. 1921), S. 25.

108 Zitiert nach: W. Beutin, K. Tucholsky, in: Deschner, Christentum, S. 508.

109 Beispiele für die aktuelle Korruption: Herrmann, Kirchenfürsten, S. 362–404.

110 Johannes Paul II., Der Gott von unendlicher Majestät, in: Brauers, a. a. O., S. 169.

111 War beispielsweise die Forderung der Feindesliebe bei Platon nicht schon früher und besser ausgesprochen als im Evangelium? Vgl. dazu K. Ahlheim, Celsus, in: Deschner, Christentum, S. 19 f.

112 Informationen: Verein zur Umwidmung von Kirchensteuern e. V. Kontaktadresse: F. Halfmann, Römerstr. 90, 4358 Haltern.

113 Einzelheiten über die einschlägige christliche Mission: Herrmann, Kirche und Geld, S. 217 f.

114 Süddeutsche Zeitung vom 1. 8. und vom 8. 8. 1984; Evangelisches Gemeindeblatt Bayern vom 20. 5. 1984; Augsburger Kirchenzeitung vom 26. 8. 1984.

115 Vgl. Herrmann, Kirche und Geld, S. 220.

116 Frankfurter Rundschau vom 28. 2. 1990.

117 Vgl. Bensberger Kreis (Hrsg.), Demokratisierung der Kirche in der Bundesrepublik. Ein Memorandum deutscher Katholiken (Mainz 1970), S. 55: »Es muß als tragisch bezeichnet werden, daß der Demokratisierungsprozeß... sich außerhalb und zum Teil immer noch gegen die Kirche Bahn bricht.« Anders Helmut Kohl 1976: »Die Grundwerte unserer Verfassung stehen in einem engen Zusammenhang mit dem von den Kirchen tradierten Menschenbild. Man kann wohl sagen, daß es ohne die historischen Leistungen der Kirchen den modernen Staat in seiner heutigen Gestalt nicht gäbe.« (Grundwerte für das Verhältnis von Staat und Kirchen, in: G. Denzler (Hrsg.), Kirche und Staat auf Distanz. Historische und aktuelle Perspektiven (München 1977), S. 253)

118 Vgl. Brauers, a. a. O., S. 350.

119 Herrmann, Kirche und Geld, S. 72 f.

120 Art. 33 III GG. Vgl. Art. 3 III und Art. 140 GG.

121 W. Proske, Kirchenaustritte – aktuelle Zahlen, in MIZ 4/91, S. 19–21.

122 Buggle, a. a. O., S. 291.

123 Beispiele: Herrmann, Kirche und Geld, S. 225 ff.

124 Die Zahl der »überzeugten« Beschäftigten im Kirchendienst wird auf höchstens fünf Prozent geschätzt. Nach einer Untersuchung (Der Spiegel vom 24. 7. 1989) fühlen sich weniger als die Hälfte der evangelischen Religionslehrer in Hamburg noch mit der Kirche verbunden. Neun Prozent sind gar aus der Kirche ausgetreten. Vgl. Herrmann, Kirche und Geld, S. 202 f.

125 Neumann, a. a. O. Zwischen 1970 und 1990 nahm das Personal im Bereich der sogenannten freien Wohlfahrtspflege um 97 Prozent, die Anzahl der Altenheime nur um 30 Prozent zu.

126 Vgl. nur die soziale Situation der sogenannten »ehrenamtlichen« Hilfskräfte, denen die – selbst hochdotierten – Kleriker eine Arbeit um Gotteslohn zumuten: J. Neumann, a. a. O.

127 Buggle, a. a. O., S. 290 f.

128 Beispiele: Herrmann, Kirche und Geld, S. 203 f.

129 C. Pallenberg, zitiert nach: K. Deschner, Kirche des Unheils. Argumente, um Konsequenzen zu ziehen (München 1974), S. 77.

130 Zur Aushöhlung des Elternwillens und des Elternrechts durch das angeblich »höherrangige« Glaubensgebot: J. Neumann, a. a. O.

131 Baeger, Kirchen und öffentliche Gelder, in: Vorgänge, Heft 2, März 1987, S. 48.

132 Vgl. Art. 7 der Verfassung für das Land Nordrhein-Westfalen, Art. 33 und 41 der Verfassung für Rheinland-Pfalz, Art. 30 der Verfassung des Saarlandes.

133 Vgl. etwa Herrmann, Kirche und Geld, S. 200 ff.

134 Zitiert bei: J. Weber, A. Schopenhauer, in: Deschner, Christentum, S. 172 f.

135 H. Herrmann, Auf dem Bildschirm ist die Kirche los!, in: Psychologie heute, März 1992, S. 33.

136 Zahlen: J. Neumann, a. a. O.

137 Details: Herrmann, Kirche und Geld, S. 197 ff.

138 E. Baeger, Auf dem Weg zur Religionspflicht in der Schule?, in: MIZ 1/92, S. 3 ff. Vgl. auch G. Betz, Pflichtfach Lebensgestaltung/Ethik/Religion in den neuen Bundesländern?, in: MIZ 1/92, S. 11 f. sowie R. Heinrich, Hessische F.D.P. fordert Abschaffung des Religionsunterrichts, in: MIZ 1/92, S. 13 f.

139 G. Czermak, Das Kruzifix als verfassungsrechtliches Streitobjekt oder: Christliche Schule im weltanschaulich neutralen Staat?, in: MIZ 1/92, S. 17 ff.

140 Brief an seinen Bruder August Wilhelm vom 3. April 1753, zitiert bei: G. v. Franckenberg, Friedrich der Große, in: Deschner, Christentum, S. 147.

141 Beispiele bei: Buggle, a. a. O., S. 385 ff.

142 Zum beliebten, doch unehrlichen Argument »Heute ist alles anders«: Buggle, a. a. O., S. 391 ff.

143 Buggle, a. a. O., S. 363.

144 Heinrich Heine: »Religion und Heuchelei sind Zwillingsschwestern, und beide sehen sich so ähnlich, daß sie zuweilen nicht voneinander zu unterscheiden sind. Dieselbe Gestalt, Kleidung und Sprache. Nur dehnt die letztere von den beiden Schwestern etwas weicher die Worte und wiederholt öfter das Wörtchen ›Liebe‹.« (Zitiert nach: Beutin, a. a. O., S. 207).

145 D. F. Strauss 1849, zitiert bei: K. Becker, D. F. Strauss, in: Deschner, Christentum, S. 262.

146 Brauers, a. a. O., S. 350.

147 H. Vorgrimler, Der Tod im Denken und Leben des Christen (Düsseldorf 1978), S. 36 ff.

148 Heinrich Heine: »Der Erzbischof von Paris erwartet alles Heil von der Cholera, von dem Tode; ich erwarte es von der Freiheit, von dem Leben.« (Zitiert bei: Beutin, a. a. O., S. 201.)

149 L. Feuerbach (1804–1872), zitiert bei: W. Beutin, L. Feuerbach, in: Deschner, Christentum, S. 240.

150 Zitiert bei: Beutin, a. a. O., S. 247.

151 Vorgrimler, a. a. O., S. 36.

152 L. Feuerbach, zitiert nach: Beutin, a. a. O., S. 240.

153 Vgl. Vorgrimler, a. a. O., S. 152.

154 Hierzu neuerdings auch: E. Vilar, Die Erziehung der Engel. Wie lebenswert wäre das ewige Leben? (Düsseldorf 1992)

155 An Lavater, 29. Juli 1782.
156 An Charlotte von Stein, 6. April 1782.
157 Vorgrimler, a. a. O., S. 94.
158 D. F. Strauss (1808–1874): »Wie traurig, wenn die Menschheit gerade bei solchen Anlässen, wo sie sich besinnen sollte, was sie ist, statt
über das, was vorliegt, ernsthaft und männlich nachzudenken, lieber mit tauben Nüssen spielt… Was ist denn aber an all den Fort-
schritten, deren sie sich rühmt, wenn sie es noch nicht einmal dahin
gebracht hat, eine solche Fundamentalsache, wie der Tod ist, einfach und wahr ansehen zu können. Sind und bleiben denn Lügen
ihre unentbehrliche Nahrung?« (Zitiert bei: Becker, a. a. O., S. 261).
159 Vgl. Herrmann, Kirchenfürsten, S. 347 f. zu den Regelungen im
päpstlichen Rom des 19. Jahrhunderts.
160 Frankfurter Rundschau vom 1. 10. 1986: MIZ 4/1986, S. 23.
161 Nichtchristen werden von der kirchlichen Propaganda gern als
»isoliert, verhärmt, vereinsamt« beschrieben, um bei den dafür
Empfänglichen unterschwellige Ängste vor dem »Minderheiten-
Status« zu wecken: Vgl. Münsterische Zeitung vom 26. 3. 1992 in
einem Bericht über anonyme Urnenbestattungen in Norddeutschland: »Ein einsames Leben wird im Tod oft nachvollzogen.«
165 Konkrete Hilfen bieten beispielsweise der Bund für Geistesfreiheit
Augsburg (Kontaktadresse: G. Rampp, Radaustr. 9, 8900 Augsburg)
oder die Geschäftsstelle des Internationalen Bundes der Konfes-
sionslosen und Atheisten (Postfach 880, W-1000 Berlin 44). Voraus-
sichtlich werden gegen Ende des Jahres 1991 in den einzelnen Bundesländern entsprechende Kontakttelefone eingerichtet sein.
166 Für Kinder unter 14 Jahren und für Geschäftsunfähige erklärt der
gesetzliche Vertreter (Eltern) den Austritt. Hat ein Kind das zwölfte
Lebensjahr vollendet, ist seine Einwilligung erforderlich. Kinder
über 14 Jahren können, wie gesagt, ohne Zustimmung ihrer Eltern
austreten.
167 Die »Verwaltungsvorschrift des Innenministeriums über die Kir-
chenaustrittsverfahren« des Landes Baden-Württemberg vom 8. Fe-
bruar 1985 enthält als Anlage 2 ein solches Formular, das hier ab-
gedruckt wird.
168 Eine Reihe von Fällen ist bekanntgeworden, in denen Kirchen (Kir-
chensteuerstellen) die Vorlage dieser Bescheinigung und damit
den Nachweis des Austritts sogar Jahre nach dem Austritt forderten.
Diese Praxis ist rechtswidrig, kann jedoch im Einzelfall zu ärger-
licher Korrespondenz führen. Vgl. auch: Herrmann, Kirche und
Geld, S. 116 f.
169 Ein Beispiel für solche »Mahnschreiben«, die dazu auffordern, das
entlaufene Schaf solle seine Motivation nochmals »überprüfen«: K.

Jäckel, Sag keinem, wer dein Vater ist! Das Schicksal von Priesterkindern (Recklinghausen 1992), S. 77.

170 Entscheidung vom 8. 2. 1979. Vgl. E. Fischer, Trennung von Staat und Kirche, 3. Aufl. Frankfurt a. M. 1984, S. 82–93.

171 H. Herrmann, Ein unmoralisches Verhältnis. Bemerkungen eines Betroffenen zur Lage von Staat und Kirche in der Bundesrepublik (Düsseldorf 1974).

| Beglaubigte Abschrift | **Kirchenaustrittserklärung**

Standesamt _____ Ort, Tag _____

Vor dem unterzeichneten Standesbeamten erscheint / erscheinen,

ausgewiesen durch _____

Vornamen, Familienname (ggf.
abweichender Geburtsname), _____

Tag und Ort der Geburt, _____

Wohnort, Wohnung _____

und erklärt / erklären: Ich / Wir trete(n) aus der

Religionsgemeinschaft _____ aus.

Diese Erklärung erstreckt sich auf das / die nachstehend aufgeführte(n) unter unserem / meinem
Personensorgerecht stehende(n) noch nicht 14 Jahre alte(n) Kind(er). *

Namen, Tag und
Ort der Geburt _____

_____

_____

Raum für Einwilli-
gungserklärungen _____

_____

_____

Vorgelesen, genehmigt und unterschrieben

_____

Der Standesbeamte

* Bei Erstreckung auf Kinder zwischen 12 bis 14 Jahren ist die Einwilligung der Kinder erforderlich. _____

Mit dieser Erklärung ist der Kirchenaustritt wirksam geworden.
Die Übereinstimmung der Abschrift mit der Urschrift wird beglaubigt.

Ort _____

Datum _____

(Siegel) Der Standesbeamte

_____

Amtsgericht

Berlin, den

Zutreffendes ist ☒ angekreuzt
bzw. ausgefüllt

70 Samm X m ◄ **Geschäftsnummer**
bitte stets angeben

Beglaubigte Abschrift

Gegenwärtig:

_____ **Justizangestellte**

Den Austritt aus der ☐ evangelischen ☐ röm./kath. ☐ erklärt
Kirche Kirche

A

Familienname, Geburtsname		Vornamen (Rufname unterstreichen)	
Geburtstag	Geburtsort		ausgewiesen durch PA Nr.
Straße, Hausnummer, PLZ, Wohnort			

B

Familienname, Geburtsname		Vornamen (Rufname unterstreichen)	
Geburtstag	Geburtsort		ausgewiesen durch PA Nr.
Straße, Hausnummer, PLZ, Wohnort (wenn abweichend von A)			

C

Der/Die Erklärende(n) ist/sind ☐ ledig ☐ verheiratet ☐ geschieden ☐ verwitwet

Eheschließung am	vor dem Standesamt	Reg.-Nr.
Geburtsname des Ehegatten, Anschrift des Ehemannes (wenn abweichend). Falls geschieden: Wohnsitz des Ehemannes bei Scheidung		

D 1

Diese Erklärung gilt zugleich für folgende Kinder:

Familienname (nur wenn abweichend von A oder B)	Vornamen (Rufname unterstreichen)
Geburtstag	Geburtsort

2

Familienname (nur wenn abweichend von A oder B)	Vornamen (Rufname unterstreichen)
Geburtstag	Geburtsort

☐ Das/Die miterschienene(n) Kind(er) zu stimmte(n) der Austrittserklärung zu
(§ 5 Satz 2 des Ges. über die religiöse Kindererziehung vom 15. 7. 1921 – RGBl. S. 939, 1263).

Vorgelesen, genehmigt und unterschrieben
gez. Unterschrift(en) Beglaubigt

Geschlossen: _____ **Justizangestellte**
gez. Unterschrift

AVR 138 – Erklärung des Austritts aus einer Religionsgesellschaft öffentlichen Rechts – Beglaubigte Abschrift
JVA Tegel [KG 138]